다양한 봇빌더를 이용한

똑똑한 챗봇 만들기

· 저자 정임수 ·

YoungJin.com Y.
영진닷컴

ISBN 978-89-314-6176-3

독자님의 의견을 받습니다

이 책을 구입한 독자님은 영진닷컴의 가장 중요한 비평가이자 조언가입니다. 저희 책의 장점과 문제점이 무엇인지,
어떤 책이 출판되기를 바라는지, 책을 더욱 알차게 꾸밀 수 있는 아이디어가 있으면 팩스나 이메일, 또는 우편으로
연락주시기 바랍니다. 의견을 주실 때에는 책 제목 및 독자님의 성함과 연락처(전화번호나 이메일)를 꼭 남겨 주시기
바랍니다. 독자님의 의견에 대해 바로 답변을 드리고, 또 독자님의 의견을 다음 책에 충분히 반영하도록 늘 노력하겠
습니다.

이메일 : support@youngjin.com

주 소 : (우)08505 서울시 금천구 가산디지털2로 123 월드메르디앙벤처센터2차 10층 1016호 (주) 영진닷컴 기획1팀
파본이나 잘못된 도서는 구입하신 곳에서 교환해 드립니다.

STAFF

저자 정임수 | **총괄** 김태경 | **기획** 최윤정, 이민혁 | **디자인** 박지은 | **편집** 박지은, 강창효
영업 박준용, 임용수 | **마케팅** 이승희, 김근주, 조민영, 김예진, 이은정 | **제작** 황장협 | **인쇄** SJ P&B

회사가 힘들었던 시기에 생존을 위해 여러 번 사업 모델을 변경하다가 챗봇을 처음 접하게 됐습니다. 초기엔 문자 메시지를 대체할 수 있을 것 같다는 생각이었고, 차후엔 문자 메시지를 넘어서 업무의 효율화를 위해서도 너무 편리하고 좋겠다는 생각이 자리잡았습니다.

누구나 새로운 것에 대해 아무것도 모르는 시기가 있지만, 사업의 방향성을 잡은 회사 입장에서는 끊임없이 공부해 나갈 수밖에 없습니다. 인공지능과 관련한 지식이 전무했던 제가 많은 지식을 쌓게 된 데에는 주변분들과 책들이 많은 도움이 되었습니다. 알고 보면 챗봇은 크게 어렵지 않습니다. 농부가 호미를 사용하기 위해서는 호미를 만드는 데 사용되는 철의 성분이나 주조 방법, 나무 손잡이와의 연결성을 알 필요는 없습니다. 농부는 호미의 사용법을 잘 아는 것이 중요합니다. 챗봇을 만드는 데에는 인공지능의 원리나 신경망의 구조, 수학적인 계산 방식, 통계학적인 방법을 아는 데 집중하는 것보다 어떻게 챗봇을 만들고, 어떤 방식으로 사용되는지에 대해 알아야 합니다. 물론 똑같은 호미를 사용하더라도 노련하게 잘 다루는 사람이 있는가 하면, 초보자의 경우는 30분만 작업을 해도 작업량이 적은데도 힘은 많이 들기도 합니다. 따라서 많이 만들어 보고, 많이 사용해 보는 것이 좋습니다.

현재 시중에서 제공하는 봇을 만드는 빌더인 봇빌더를 사용하면 꽤 많은 것을 만들 수 있습니다. 물론 개발이 필요한 경우도 많습니다. 하지만 챗봇의 기본이 되는 플로우와 표현 방법은 기획자가 만들게 됩니다. 이 책을 읽으시는 분들이 챗봇 기획자라는 새로운 직업을 개척해 나가셔도 좋을 것 같습니다.

챗봇을 만들다 보니 상담사의 일자리를 줄이는 것이 아니냐는 질문을 많이 받곤 합니다. 하지만 챗봇을 도입한 기업들의 반응은 오히려 반복적이고 동일해서 지루한 응대를 줄이기 때문에 상담사의 업무 만족도가 올라갔다고 합니다. 사람의 응대가 줄어들기에 피로도가 줄어든다는 장점이 있기도 합니다. 또한, 챗봇 제작은 노동집약적인 산업이라, 많은 사람을 필요로 해서 고용이 늘어나는 효과도 있습니다.

이 책을 쓰는 동안 제일 죄송하고도 감사한 분은 역시 영진닷컴의 담당자님입니다. 보통 몇 개월만에 출판한다고 하는데, 2년을 마음 졸이며 참아 주시고 응원해 주셔서 이 책이 나올 수 있었습니다. 그리고 친형이자 회사의 CTO이며 든든한 파트너인 정민석님이 챗봇과 개발적인 구조에 대한 정보를 많이 줘서 큰 도움이 되었습니다. 이 외에도 부모님과 회사 동료분들께 감사의 인사를 드립니다.

저자 **정임수**

목차

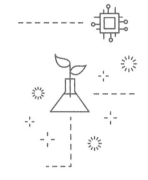

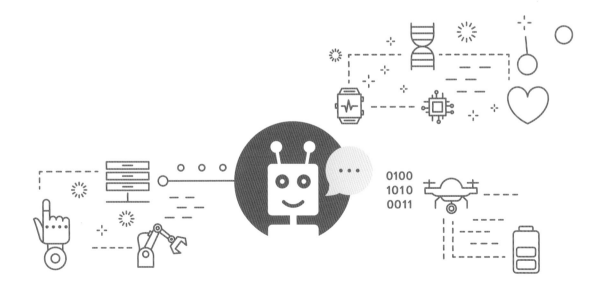

1

챗봇의 이해

CHATBOT

알고 보면 쉬운 챗봇입니다. 스마트폰의 활성화, 메신저의 보급으로 주목받기 시작해서 이제는 효율성이 입증되면서 많은 기업들이 도입하고 있습니다. 버튼을 눌러서 답을 찾는 룰베이스와 타이핑하여 질문하는 자연어 처리 기술이 하나의 챗봇 안에 모두 들어가게 됩니다. 이번 파트에서는 챗봇의 구조와 챗봇 도입 시 준비해야 될 사항에 대해서 소개하겠습니다.

01 챗봇이란 무엇인가?

챗봇(Chatbot)은 채팅(Chatting) + 로봇(Robot)의 합성어로, 채팅창을 통해 음성이나 문자를 이용하여 사람과의 대화를 시뮬레이션할 목적으로 설계된 컴퓨터 프로그램을 말합니다. 국내에서는 흔히들 '챗봇'이라는 단어로 많이 쓰지만 채터봇, 토크봇, 채터박스라고도 불립니다. 일반적으로는 채팅창을 통해 자동으로 컴퓨터의 답변이 나가는 모든 형태를 통칭하여 챗봇으로 부르고 있으며, 이미 만들어진 틀 안에서 단순히 버튼을 눌러서 답을 찾아가는 형태도 있고, 타이핑하여 질문하고 답을 제공하는 형태도 있습니다.

대화의 개발 과정에도 다양한 방식이 존재합니다. 열린 구조의 대화로는 MS에서 만들었던 트위터 챗봇 '테이'의 경우를 들 수 있으며, 이 챗봇은 사용자와 봇간의 대화를 학습하여 답변을 업그레이드하는 방식으로 되어 있습니다. 이러한 학습형 대화는 많은 대화를 주고받음으로써 정보를 축적하고, 이에 맞는 답변을 해나갑니다. 우리가 상상하는 미래의 인공지능 챗봇이라고 볼 수 있으나, 현재로서는 답변의 정확도가 떨어지거나 문법이나 문맥의 오류가 있을 가능성이 있습니다.

닫힌 구조의 대화로는 은행권이나 기업들이 개발하는 CS 상담용 챗봇을 들 수 있습니다. 고객 상담용으로 제작되기 때문에 봇이 답변을 스스로 학습하여 답변해서는 안 되며, 업무와 관련하여 정확하게 정해진 답변만을 내보낼 수 있게끔 제작됩니다. 일상적인 대화보다는 업무와 관련된 범위 내에서의 질문과 답변으로 구성되기에 답변의 정확도도 높은 편입니다.

02 챗봇은 왜 주목받고 있는가?

2.1 메신저의 활성화 상황

사람과의 소통을 위한 채팅 도구는 스마트폰이 없던 시절부터 사용되어 왔습니다. 2000년대에는 버디버디, 네이트온, MSN 등을 이용한 PC 메신저 채팅이 활성화되기도 했었고, 스마트폰이 도입되고 문자 시장이 급변하면서 메신저 도입을 위한 격변기가 있기도 했습니다. 챗봇의 경우, 예전에는 MSN 내의 챗봇이나 트위터의 트위터봇 등이 통용되는 수준이었다고 하면, 지금의 시장 상황은 SNS를 넘어선 메신저 사용자의 강세가 이뤄지고 있어 채팅창을 활용한 챗봇이 대두되고 있습니다.

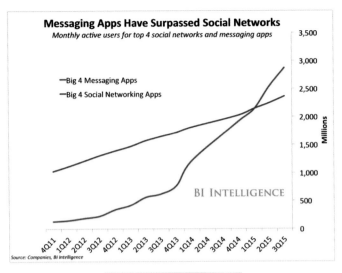

[SNS와 메신저 상황에 대한 그래프]

2.2 사용자의 앱 설치 수

미국에서 스마트폰 사용자 중 51%가 한 달에 단 한 개의 앱도 추가로 설치하지 않는다고 합니다.
2017년 페이스북 발표에 따르면, 일반적인 사용자의 앱 설치 개수는 90개, 그중 월평균 사용하는
앱은 30개, 매일 사용하는 앱은 10개가량 되며, 전 세계적으로 12개를 넘지 않는다고 합니다.

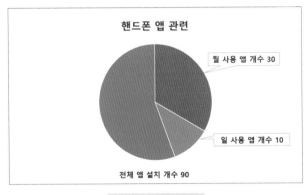

[핸드폰 내 앱 설치 비율]

이렇듯, 최근에는 새로운 앱 설치에 대한 거부감은 늘어나고, 이미 설치된 앱을 활용하는 방향으로
전개되고 있습니다. 이미 설치된 앱 중에서 사용량도 많고, 많은 사용자들이 설치하는 앱은 당연히
메신저 서비스와 SNS 서비스이며, 여기에 업체들이 기업용 계정을 만들어서 운영합니다. 한국 시

장을 예로 들면, 카카오톡 내에 카카오톡 채널 계정[1]이나 페이스북 내에 기업용 페이지를 생각하면 됩니다. 이제는 기업용 계정에서 단순한 상담이나 문의뿐만 아니라 상품을 추천하고, 상품을 결제하거나 콘텐츠를 소비할 수 있는 챗봇을 제공함으로써 고객과의 접점 확대에 기여하고 있습니다.

2.3 전화에 대한 거부감

해외에서는 젊은 사용자층이 전화를 거부하고 채팅을 선호함에 따라, 전화 상담보다는 채팅창에서 질문하고 답하는 방식을 택하고 있습니다. 많은 의사소통을 채팅이나 게시판 글을 이용하는 젊은 층이 목소리로 무언가를 전달하는 데에 어려움을 겪고 있는데, 채팅은 내용을 정리하여 보낼 수 있다는 점에서 채팅을 선호하는 현상이 나타나고 있습니다. 국내에서도 모 카쉐어링 업체의 경우, 차를 구입하지 않은 20~30대 사용자를 주로 확보하고 있는데 CS 상담 문의의 50%가량을 채팅으로 해결하고 있다고 합니다. 따라서 전체 산업군 중 콜센터에서 해결하고 있던 전화 문의 상담은 차츰 채팅 시장으로 넘어갈 것으로 예상하고 있습니다. 초기에는 콜 90%, 채팅 10% 정도의 비율이겠지만, 시간이 지남에 따라 콜 60%, 채팅 40% 정도를 차지할 것으로 예상됩니다. 결과적으로 많은 비율을 차지하지 않는다고 생각할 수도 있으나, 장기적인 관점으로 보면 그렇지 않습니다. 1명의 상담사가 1명의 고객만을 응대할 수 있는 콜 상담과 달리, 채팅 상담은 1명의 상담사가 보통 2~3명, 많게는 최대 5명까지 고객 응대를 할 수 있다는 장점이 있습니다. 이는 CS 상담 인력에 대한 부담을 줄여 줍니다. 텍스트로 운영되는 채팅 상담 센터의 운영은 채팅 데이터를 기본으로 하는 챗봇 개발에 많은 도움을 줄 수 있습니다.

[채팅 상담 센터와 콜센터의 비교]

---

1 2019년 9월 17일자로 카카오톡 플러스친구에서 카카오톡 채널로 명칭이 변경되었다.

가트너(Gartner)[2]에서는 2020년까지 고객 지원 서비스의 25%가 가상 에이전트 또는 봇이 이끌 것으로 예측했습니다. 또한, 주니퍼 리서치[3]는 AI 기반의 가상 에이전트가 2022년까지 은행 및 의료 센터의 운영 비용을 거의 80억 달러 가까이 절감할 것으로 예측하기도 했습니다.

2.4 음성봇으로의 진화

국내의 경우, 네이버에서는 클로바 스마트 스피커, 카카오톡에서는 카카오 미니, SKT에서는 NUGU, KT에서는 기가지니 등 다양한 스마트 스피커를 앞다투어 출시하였습니다. 해외에서는 아마존의 에코와 구글의 구글 홈이 대표적입니다.

[다양한 인공지능 스피커]

챗봇을 만들 때 필요한 데이터는 음성봇을 만드는 데에 기초가 되며, 데이터를 확보함으로써 많은 유리함을 가질 수 있습니다. 인공지능 스피커는 음성 데이터로 처리하는 것이 아닌, 텍스트 데이터를 기반으로 만듭니다. 이때 음성인식 STT(Speech to Text) 기술과 음성합성 TTS(Text to Speech) 기술을 사용하여 음성봇을 구성하는 것입니다.

정리하면, 콜센터만 운영하던 상황에서 채팅 상담 센터의 도입 → 비 근무 시간에 챗봇의 운영 → 점진적으로 전체 시간에 대해 챗봇 운영 → 음성봇의 운영으로 진화가 가능한 것입니다.

2 Gartner: Gartner Says 25 Percent of Customer Service Operations Will Use Virtual Customer Assistants by 2020 : https://www.gartner.com/newsroom/id/3858564

3 CHATBOTS, A GAME CHANGER FOR BANKING & HEALTHCARE, SAVING $8 BILLION ANNUALLY BY 2022 : https://www.juniperresearch.com/press/press-releases/chatbots-a-game-changer-for-banking-healthcare

03 챗봇에서 사용되는 용어 정리

처음 챗봇이라고 하면 알 수 없는 어려운 단어가 많을 것입니다. 특히 개발자가 아닌 기획자 입장에서 더욱더 그러합니다. 기업에서 챗봇을 개발하고자 할 때, 개발자와 기획자가 어느 정도의 의사소통은 되어야 하기 때문에 간단한 용어 정도는 알고 있는 것이 좋습니다. 안타깝게도 챗봇을 만들 수 있는 툴인 봇빌더의 경우에도 회사마다 사용하는 명칭이 각각 조금씩 다르므로, 봇빌더 서비스를 이용할 때 각 회사의 사용 명칭에 익숙해질 필요가 있습니다.

❶ **챗봇:** 채팅 + 로봇의 합성어로 채팅창을 활용한 로봇의 답변을 통칭하여 표현합니다.

❷ **봇빌더:** 봇(Bot)을 만드는 빌더(Builder)로 챗봇, 음성봇을 만드는 도구라고 보면 됩니다. 봇빌더 서비스를 제공하는 업체들이 따로 있으며, 해외에는 Chatfuel, motionAI, 마이크로소프트의 봇 프레임워크, 구글의 Dialogflow(구 api.ai) 등이 있고, 국내에는 네이버 클라우드 플랫폼의 챗봇 서비스, 카카오의 카카오 i 오픈빌더, 꿈많은청년들의 튜링, 솔트룩스의 아담톡, 미스터마인드의 마인드맵, 신의 직장의 Closer 등이 있습니다.

❸ **자연어:** 사람들이 일상적으로 사용하는 문장 형태의 언어(반대말인 기계어, 인공어와 분류하기 위해 사용)입니다.

❹ **자연어 처리(NLP, Natural Language Processing):** 사람이 사용하는 언어, 대화 등을 컴퓨터가 이해하고 대응할 수 있도록 의도와 그 의도의 핵심을 파악해내는 작업을 말합니다. 이 작업에는 형태 분석, 의미 분석, 대화 분석 등이 있습니다.

❺ **인텐트(Intent):** 사람이 자연어로 이야기할 때, 말하는 사람의 의도입니다.

발화	답
밥 먹었어?	네. 먹었어요
밥 먹었니?	식사했습니다
식사는 하셨어요?	밥 먹었어
진지 드셨나요?	
식사는 했어?	

[동일한 의도를 가진 발화들의 묶음을 하나의 인텐트(Intent)라고 본다]

❻ **엔티티(Entity):** 데이터 사전입니다. '제품', '상품', '물건' 등을 하나의 엔티티로 넣을 때 '제품 보여 주세요'라는 발화를 넣어 놓으면, '상품 보여 주세요'라는 발화에도 동일하게 답변을 합니다. 그

외에도 주소지나 노래 제목 등을 하나의 엔티티로 묶어서 해당 단어가 포함된 발화에 특정 엔티티를 추출하여 그에 맞는 액션을 수행할 수 있습니다.

제품	상품	물건

밥	식사	진지

[의미가 같은 단어들을 묶음으로써 해당 발화에 대해 동일한 의미로 처리할 수 있다]

❼ **시나리오:** 대화의 흐름을 의미합니다.

❽ **플로우:** 흐름을 뜻하는 단어로 여기서는 챗봇에서 답변이 흘러가는 하나의 흐름을 이야기합니다.

그다음으로는 흔히 사용하는 머신러닝이나 인공지능 등 어려운 용어들도 간략하게 알아보겠습니다.

❶ **인공지능:** 컴퓨터가 인간의 지능적인 행동을 모방할 수 있도록 구현하는 것을 말합니다.

❷ **머신러닝:** 인공지능의 한 분야로 컴퓨터가 데이터를 분석하고 학습하고 예측을 수행하는 기술입니다. 챗봇에서도 100% 정확하게 일치하는 답변을 하는 것이 아닌, 정해 놓은 %를 초과하면 통계학적으로 해당 답변을 송출하게끔 되어 있습니다.

❸ **지도 학습:** 각 데이터에 라벨(Label)을 달아서 반복적으로 학습시켜 새로운 데이터를 접했을 때 올바른 값을 구하게 하는 방식입니다. 예를 들면, 많은 고양이와 개 사진을 주면서 이 사진은 고양이고, 이 사진은 개라고 사진마다 라벨을 표기하여 컴퓨터에 학습시킵니다. 그 후 학습된 컴퓨터는 형태와 패턴을 보고 제공하지 않았던 고양이 사진을 줘도 개인지 고양이인지 알아맞히게 됩니다. 물론 한두 장의 라벨링으로는 안 되고, 많은 양의 데이터를 넣어 줘야 합니다. 하나하나 지도해 주고 이에 대해 컴퓨터가 학습한다고 보면 됩니다.

❹ **비지도 학습:** 컴퓨터에 어떠한 라벨이나 결괏값도 알려주지 않고, 데이터를 주고 결과에 대한 규칙만 알려 줍니다. 지속적인 학습을 통해 컴퓨터가 자발적으로 숨겨진 특징이나 구조를 발견하여 답을 찾아가도록 하는 방식입니다. 당연히 지도 학습보다 더 어려울 수밖에 없습니다.

❺ **강화 학습:** 결과에 대한 보상만을 주고 이를 기반으로 학습해 나가는 것을 말합니다. 예를 들면, 이세돌 프로와 대결하였던 '알파고'는 15만 개의 기보를 학습하여 지도 학습을 먼저 거친 것과 달리, '알파고 제로'는 아무런 기보나 수를 전혀 주지 않은 상황에서 바둑의 규칙만을 가지고 처음부터 끝까지 바둑 두는 법을 계속 배워 나가는 방식을 사용하였습니다. 결국 흑돌과 백돌을 두는 법, 경기 규칙과 이겼다는 승패의 '보상'이 주어지면 스스로 학습해 나가는 방식입니다.

❻ **STT(Speech To Text):** 음성을 텍스트 데이터로 전환하는 기술을 의미합니다. 사람이 인공지능 스피커에 말을 할 때, 기기는 이 기술을 이용하여 음성을 텍스트로 전환하여 어떠한 명령을 내렸는

지 알아냅니다.

❼ **TTS(Text To Speech):** 텍스트 데이터를 음성으로 전환하는 기술입니다. STT는 사람의 말을 스피커가 받아내는 데 이용된다면, TTS는 그 질문이나 명령에 대해 컴퓨터가 사람에게 답변하는 데 이용됩니다. 인공지능 스피커에서 음성으로 된 안내가 나온다면 이 기술을 이용하는 것입니다. 2018년 구글 I/O에서는 구글 어시스턴트로 미용실에 전화를 걸어서 예약하는 장면을 시연했으며, 그 음성은 TTS 기술이 쓰였습니다.

04 챗봇의 구조

4.1 사용자 관점

사용자 관점의 첫 번째로, 대화의 흐름을 고려하여 일정한 규칙을 정해 놓고 버튼을 누르면서 답변을 찾아가는 '시나리오 기반의 챗봇'입니다. 룰베이스 챗봇이라고도 합니다.

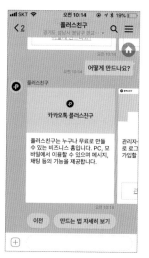

[버튼식 플로우]

두 번째는, 타이핑하여 질문하였을 때 이에 대한 답변이 나가는 방식의 '지능형 대화 기반(인공지능) 챗봇'입니다.

[타이핑에 대한 키워드 플로우]

타이핑하여 질문에 답변하는 구조도 2가지로 나눌 수 있습니다. 자연어 처리 및 자연어 이해를 하는 지능형 대화 기반의 챗봇과 단순 키워드를 추출하여 이와 매칭된 답변을 내보내는 챗봇이 있습니다. 지능형 대화 기반의 챗봇은 구글, 네이버, 마이크로소프트, 아마존, IBM, 카카오 등 대기업에서 개발하는 형태이고, 키워드를 추출하여 매칭된 답변을 주는 챗봇은 2000년대나 초기 작은 규모의 스타트업에서 주로 개발하였습니다.

	시나리오(룰베이스)	지능형 대화(타이핑 질문)
사용자의 입력 방식	채팅창 내의 버튼을 누름	자판의 버튼을 타이핑함
특징	– 미리 만들어 놓은 버튼을 통해 답변하는 규칙에 의한 동작 – 사람이 정한 규칙에 따라 답변하므로 제작자의 의도에 맞지 않으면 답변하지 않음	– 답변에 매칭되는 예상 질문을 다량 준비해야 함 – 발화가 들어올 때마다 머신러닝하여 가장 정답 확률이 높은 것을 답변함
동작 방식	제작자가 설정한 규칙에 응답 – '처음으로'라는 버튼을 누르면 '처음으로'에 해당하는 블록의 답변을 내보냄 – 특정 블록에서 사용자가 전화번호를 형식에 맞지 않게 입력하면, 다시 입력하도록 안내함	발화에 대해 매칭되는 답변을 계산하여 응답 – 발화에 대한 자연어의 분석(형태소 분석) – 형태소 분석된 발화와 매칭하는 답변의 자연어 이해
유형	– 단순한 FAQ – 데이터 입력, 수정, 조회에 해당하는 기간계 연동	– 단순한 FAQ 내의 상세 답변 – 대화의 흐름(컨텍스트)이 필요한 경우

[위의 사항은 챗봇을 기준으로 분류한 것으로, 음성봇은 약간 다르다]

물론 시나리오 기반과 지능형 대화 기반의 챗봇을 명확히 구분 지어서 개발하는 것보다는 하나의 챗봇 내에 2가지 방식을 모두 적용하여 개발하는 것이 이상적입니다. 명확한 질문을 알고 있음에도 불필요하게 ARS 음성을 다 듣고 있어야 하는 것처럼, 챗봇에서 버튼만 제공하면 여러 번 버튼을 눌러 답을 찾아야 하는 불편함이 있습니다. 반면, 타이핑에 대한 답변만을 적용하면 완벽에 가까운 정답을 제공해야 하고, 사용자가 불필요한 타이핑을 많이 해야만 합니다. 예를 들면, '아이스 아메리카노 톨사이즈 1잔이랑 아이스 카라멜 마끼야또 1잔 휘핑크림 올려 주시고요. 아메리카노는 얼음 많이 넣진 마시고요.'라는 말을 하기 위해서는 137번의 타이핑을 해야 합니다. '예'라는 답변을 하는 데에도 버튼 형식은 1번만 누르면 되지만, 타이핑의 경우에는 'ㅇ', 'Shift', 'ㅖ'라는 3번의 타이핑을 해야만 합니다. PC에서 질문한다면 타이핑이 어렵지 않으나, 모바일 환경에서 주문하는 것을 고려하면 굉장히 불편한 인터페이스라고 볼 수 있습니다.

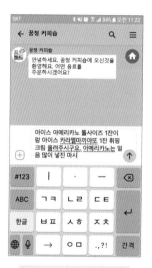

[타이핑 질문에 대한 불편함]

따라서 버튼을 누르면 답변이 나오고, 그 답변에 버튼을 누르면 또 답변이 나오는 시나리오 형태는 결국 사용자가 무엇을 질문해야 할지 모르거나, 어느 정도의 가이드를 제공하여 답변을 찾기 쉽게 하기 위함입니다. 가령 쇼핑 챗봇에서 신발을 구매하고자 할 경우에는 패션잡화 → 남성 신발 → 운동화 등의 버튼을 눌러서 나열된 제품 중에 고를 수 있습니다.

[정확한 답을 모를 때는 설문 조사와 같이, 옷의 종류, 스타일, 패턴, 색깔 등 다양한 질문을 해야 답을 찾아 줄 수 있다]

사용자가 정확한 질문을 아는 경우에는 바로 질문하여 찾을 수도 있습니다. '나이키 에어맥스 운동화 추천해줘'라고 말하면 해당 상품 목록이 나온다거나, '택배가 아직 안 왔는데 배송 조회해 주세요'라고 물어보면 배송 조회를 해 주는 경우도 있습니다.

['스트라이프 데일리룩 티셔츠 추천해줘'와 같이 정확한 질문을 하면 그에 대한 답이 나갈 수도 있다]

4.2 개발적 관점

개발적 관점은 챗봇을 개발할 때 들어가는 공수에 따라 간단한 내용인지, 작업이 많이 필요한 것인지를 분류하는 것입니다. 개발 비용 산정에서도 영향을 미치고, 당연히 회사에서 도입을 고려할 때도 영향을 끼치게 됩니다.

❶ FAQ형

FAQ형은 '시나리오 기반(룰베이스)'과 '지능형 대화 기반(인공지능)' 2가지가 혼합되어서 만들어집니다. 즉, 챗봇 UI에서 제공하는 템플릿 버튼을 이용하여, 사용자가 버튼을 눌러가면서 답을 찾을 수 있도록 제안하는 방식의 '룰베이스'와 사용자가 타이핑하여 질문하면 답변을 제공하는 자연어 이해 방식의 '지능형 대화'가 하나의 챗봇 안에 들어가게 되는 것입니다.

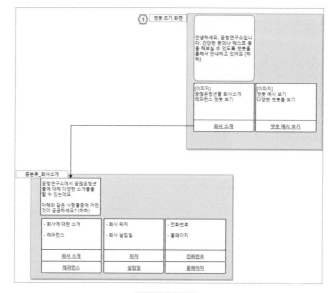

[룰베이스 예시]

룰베이스 방식은 다음과 같습니다.

- '회사 소개'라는 버튼을 누르면, 정확하게 '회사 소개에 대한 내용'이 나오는 방식으로 규칙에 의해 동작합니다.
- 버튼으로 제공하므로 타이핑 질문을 하지 않는 이상 답변의 범위를 벗어나지 않고, 제공하고자 하는 답변만을 알려 주며, 사용자도 쉽게 버튼 클릭으로 답을 찾을 수 있습니다.
- 챗봇의 사용률이 20~30대가 많다 하더라도, 최종적으로 버튼을 끝까지 눌러서 결괏값을 보는 사용자의 비율은 50~60대의 연령층이 높은 통계를 고려하면 효율적입니다.

지능형 대화 방식은 다음과 같습니다.

- 타이핑 질문에 대해서 봇빌더 내에 예상되는 질문과 매칭되는 답변이 있을 경우, 자연어 이해를 통해 답변을 내보내게 됩니다.
- 룰베이스 방식의 부족한 부분을 채워 주는 방식으로, 정확하게 어떤 질문을 해야 할지 알고 있고 바로 답변을 요구할 때 자연어 이해 방식으로 답변을 내보냅니다.

개발적 관점의 FAQ형은 이미 구축된 봇빌더 툴 내에 기획해 놓은 시나리오를 토대로 버튼 동작의 플로우를 구성하고, 데이터를 입력하여 문의를 해결할 수 있도록 합니다.

❷ API형

개발적 관점의 API 연동형은 데이터를 입력, 출력, 가공해야 할 때 만듭니다. 이 역시 룰베이스에서 쓰이기도 하고, 지능형 대화 기반에서 사용되기도 합니다. 각각의 예시를 볼까요?

- **데이터 입력:** 챗봇에서 AS 접수를 위해 단계별로 이름, 전화번호, 주소지를 입력하고 AS해야 할 제품을 선택한 후 '접수' 버튼을 누르면, 이 정보를 AS해야 하는 기업의 관리 시스템으로 보냅니다.
- **데이터 출력:** 여행사에서 보유하고 있는 다양한 여행 상품을 챗봇에서 사용자의 선택에 따라 보여 줄 때, 여행 상품이 워낙 방대하다 보니 여행사의 DB에서 정보를 API로 호출하여 가져옵니다.
- **데이터 가공:** AS 접수가 끝난 상태에서 기사님 방문 일자 변경 혹은 방문 주소를 변경하기 위해 사용자가 버튼을 누른 후, 해당 정보를 수정하여 다시 보낼 수 있습니다.

위의 예시들 모두 순차적으로 묻고 답하는 과정을 거치므로 '룰베이스'의 방식을 가집니다.

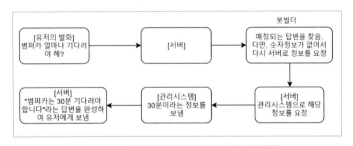

[지능형 대화 기반의 방식에서 데이터 처리 과정 예시]

API 연동형에서 지능형 대화 기반의 방식은 답변에서 특정 수치만을 가져오거나 답변을 가져오는 경우를 들 수 있습니다. 가령, 놀이시설 챗봇에서 "범퍼카 얼마나 기다려야 해?"라고 물어보면, 해당 발화에 대해 자연어 처리를 하여 매칭되는 답변인 "범퍼카는 00분 기다려야 합니다"라는 답변을 찾습니다. 여기서 00분에 대한 수치 데이터가 필요하기 때문에, 놀이시설의 서버로 호출하여 계속해서 변화하는 값인 데이터 값(예를 들어 30분)을 불러옵니다. 그리고 "범퍼카는 30분 기다려야 합니다."라는 답변을 내보내게 되는 것입니다.

05 글로벌/국내 주요 챗봇 개발 동향

[메신저별 국내 사용자 수]

5.1 페이스북

페이스북은 2016년 4월에 메신저 API를 처음 공개했습니다. 2017년 말 발표에 따르면, 페이스북 메신저에서 만들어진 챗봇은 11만 개에 달하고 미국은 물론 전 세계적으로 다양한 챗봇이 개발되고 있습니다. 뉴스, 커머스, 소셜, 음식점 안내, 여행, 비행기 예약, 꽃집 예약, 날씨 안내, 스포츠 등 다양한 산업군에서 챗봇을 개발 및 운영하고 있으며, 기능도 지속해서 업데이트되고 있어서 다양한 기능들이 추가되고 있습니다. 페이스북의 가장 큰 장점은 해외 서비스를 고려하고 있을 시 20억 명의 페이스북 사용자와 12억 명의 페이스북 메신저 사용자를 확보하고 있어, 광고를 집행하거나 사용자를 끌어들이는 데 유용하다는 점입니다. 국내에서도 14~24세 청소년 및 청년층의 사용 비율이 지속해서 증가하고 있으며, 평소에 페이스북을 마케팅 채널로 운영하고 있는 회사가 많기에, 챗봇을 마케팅의 보조 수단으로 개발하는 것도 하나의 방법이 될 수 있습니다.

국내에서는 페이스북 메신저를 통해 CS 상담을 하는 비율이 통상적으로 높지 않으므로 CS 상담을 고려한 챗봇을 제작하기보다는 콘텐츠나 브랜딩을 위한 챗봇을 개발하는 게 좋을 것으로 보입니다. 커머스의 경우, 제품을 홍보하고 안내하는 역할을 수행하도록 개발하거나, 브랜딩을 위해 챗봇에 즐길 거리나 콘텐츠, 기능을 탑재하여 제작할 수 있습니다.

페이스북 챗봇을 개발하는 방법에는 2가지가 있습니다. 페이스북의 API를 통해 하나하나 전부 직접 프로그래밍하여 구현하는 방법과 봇빌더를 이용하여 개발하는 방법입니다. 안타깝게도 모든 것을 API 연동하여 개발하는 방식은 개발 공수가 많이 가고, 챗봇 안의 내용을 종종 변경해야 하는 경우 관리자 툴을 개발해야만 하기 때문에 비용이 많이 들 수밖에 없습니다. 봇빌더를 이용한 개발 방식은 단순 정보를 입력하는 것에 그치면 안 되고, 별도의 개발을 통하여 봇빌더와 같이 연동하여 개발하는 것이 좋습니다.

5.2 카카오톡

카카오톡은 카카오톡 채널 내에 스마트채팅이라는 이름으로 FAQ형과 API형의 두 가지 타입의 챗봇을 제공해 왔습니다.

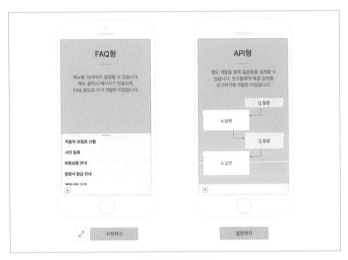

[FAQ형과 API형]

FAQ형은 챗봇은 아니지만, 메뉴 10개를 제공하여 누구나 쉽게 만들 수 있는 구조로 되어 있습니다. 활용도는 일차적인 단순 안내를 해결하는 데 있습니다. 프로그래밍할 필요 없이 10개의 답변을 미리 넣어 놓고, 해당하는 버튼을 누르면 그에 맞는 답변이 나가게 됩니다. 카카오톡 채널의 1:1 채팅과도 연동이 되어 상담사가 간단한 상담도 할 수 있습니다. 자동 응답 API형은 별도 개발을 통해 시나리오를 설계할 수 있습니다. 하지만, 이러한 API형의 경우 빠른 버튼만을 제공하고 이미지 확장이 되지 않으며, 1회에 그치는 답변만을 제공하는 구조로 되어 있어서 기능이 적다 보니 챗봇 설계의 어려움이 있습니다. 타이핑하여 질문하는 내용에 대해서 답변을 보낼 수는 있으나 답변을 풍성하게 보낼 수 없어 연계성이 떨어집니다.

이 API형 서비스는 2018년 12월에 신규생성이 중단되었고, 기존 운영하던 서비스들도 2019년 12월 31일에 종료됩니다. 대신 카카오에서 자체적으로 봇빌더를 개발하여 서비스를 시작한 만큼, 챗봇 인터페이스가 크게 개선되고 많은 기능을 포함하여 차후 챗봇 시장 확장에 크게 기여할 것으로 기대하고 있습니다. 남녀노소 광범위한 사용자를 대상으로 하는 챗봇을 계획하고 있다면, 국내에서 제일 많은 사용자를 확보하고 있는 카카오톡 챗봇이 적합합니다. 카카오톡이나 페이스북 메신저는 플랫폼 메신저 서비스이므로 사용자 간 채팅창 리스트에 비즈니스 계정이 같이 나오게 되어 접근성이 뛰어납니다.

[카카오톡이나 페이스북 메신저에는 채팅창 리스트가 있다]

5.3 네이버 톡톡

네이버는 강력한 플랫폼이기에 네이버 톡톡의 챗봇도 고려하지 않을 수 없습니다. 네이버 스마트스토어(스토어팜)를 이용하거나 네이버 블로그나 포스트 등을 이용하고 있다면, 도입을 고려해 보는게 좋습니다. 장점으로는 네이버페이와 연동이 되어 사용자가 결제를 쉽게 할 수 있다는 점을 들 수 있고, 단점으로는 웹을 기반으로 하고 있기 때문에 별도의 웹뷰 창을 띄울 수가 없어서 다른 웹과 연동하는 기능이 떨어지고, 해당 챗봇 서비스를 찾기 쉽지 않아 유입의 어려움이 약간 있다는 것입니다. 최근에는 스마트스토어팜이나 블로그, 포스트에도 배너처럼 연결 창을 띄울 수 있게 버튼이 생겨서 활용성이 많이 올라갔습니다.

[네이버 톡톡 채팅 화면으로, 타 플랫폼처럼 슬라이드 템플릿과 버튼으로 구성되어 있다]

5.4   구글 어시스턴트

안드로이드 폰을 사용하는 국내 스마트폰 사용자의 75%가량이 구글 어시스턴트를 사용할 수 있는 잠재 고객입니다. 물론 아이폰에서도 별도의 앱 설치를 통해서 사용할 수 있습니다만, 아이폰에는 '시리(Siri)'가 있기 때문에 일반적으로 굳이 따로 설치하지는 않습니다. 어찌 됐든 구글 어시스턴트는 많은 사용자를 확보하고 있으며, 오늘의 날씨, 개봉 영화 정보 등 다양한 질문에 대해 답변해 주고 있습니다. 이해하지 못하는 질문에 대해서는 구글의 검색을 통해서 결괏값을 보여 주고 있어서, 제대로 된 답변에는 실패하더라도 원하는 답변과 가까운 결과를 주긴 합니다.

'구글 어시스턴트는 각 회사의 챗봇을 어떻게 탑재할까'라는 의문을 가질 수도 있는데, 구글 어시스턴트는 구글 플레이 스토어처럼 별도의 '둘러보기' 공간을 가지고 있으며, 챗봇 앱을 호출하는 방법을 통해서 챗봇을 제공하고 있습니다.

[구글 어시스턴트 내 '둘러보기' 공간]

챗봇 앱 이름을 부르거나 타이핑하여 호출하는 것인데, '숫자 야구 게임한테 말해줘'나 '숫자 야구 게임 시작'이라고 말하면 해당 서비스의 챗봇을 불러올 수 있습니다. 이러한 방식은 스마트 스피커의 기능에서도 동일한데, 구글 홈 스피커에 '숫자 야구 게임한테 말해줘'라고 하면 해당 앱이 호출되어 질문에 대해 답변해 줍니다.

5.5   2017, 2018, 2019 챗봇 트렌드

2017년은 챗봇의 초기 도입을 위한 관망기였습니다. 챗봇을 도입하는 기업들도 있긴 하였으나, 어떤 식으로 작동하고 어떻게 개발해야 하는지, 어떤 것들이 필요한지 검토하는 단계였던 것 같습니다. 필자는 챗봇 제작을 하는 회사를 운영하고 있어서 많은 챗봇 제작 문의를 받았으나, 초기 도입 검토 문의 단계가 상당 부분을 차지하였습니다. 국내의 챗봇 시장은 금융권에서부터 시작하다 보니 CS 상담에 대한 니즈가 강했고, CS 상담원의 생산성 향상을 통해 전체 운영 비용의 안정화를 꾀하고자 했습니다. 하지만 이러한 경우 타이핑을 통한 질문에 대해 텍스트화된 답변을 하는 챗봇이 주로 런칭했고, 데이터의 부족으로 인해서 답변의 만족도가 높진 않았습니다.

반면 2018년은 챗봇 개발의 도입기가 되었습니다. 챗봇은 이미 설치되어 있는 메신저 플랫폼을 통하여 오픈하는 것이 이상적인데, 국내에서 독보적으로 사용자를 확보하고 있는 회사는 단연 카카오사입니다. 따라서 카카오톡의 챗봇 서비스 오픈이 필수적이며, 2018년 3월 카카오톡이 챗봇과 관련한 오픈빌더를 공개하면서 많은 업체들이 관심을 보였습니다. 특히, 버튼을 눌러서 답을 찾을 수 있는 시나리오 기반의 챗봇과 타이핑하여 질문하고 답변하는 지능형 대화 기반의 챗봇을 복합적으로 제공하고 있다 보니, 사용자들이 답변을 찾는 것이 보다 쉬워졌습니다.

2019년은 2018년에 만들어진 챗봇들을 사용해 보며 답변을 찾기 쉽고 사용하기 편하다는 것을 몸소 겪어 보면서 많은 업체들이 챗봇을 도입하는, 좀 더 활성화된 도입기입니다. 2018년도보다 빠르게 챗봇 도입에 대한 의사결정이 이루어지고, 효율성에 대한 입증으로 챗봇 도입을 망설이지 않는 단계에 와 있습니다.

06 챗봇으로의 성공

챗봇을 런칭하여 성공 지표를 보는 데는 보통 사용자 지표와 만족도 조사를 이용합니다.

상담용 챗봇의 경우, 사용자는 굳이 많은 타이핑을 하며 봇과 많은 대화를 하고 싶어 하지 않습니다. 따라서 사용자당 적은 시간 머무르고 적게 물어볼 경우에 오히려 높은 만족도를 줄 수 있습니다. 반면 엔터테인먼트 챗봇은 사용자당 머무르는 시간이 좀 더 깁니다. 콘텐츠를 소비하고, 챗봇과 대화하거나 기능을 사용하는 데 긴 시간을 보내게 됩니다. 그러나 챗봇 내에 상담뿐만 아니라 다양한 기능이 복합적으로 들어있을 경우에는 만족도를 측정하기가 모호해서, 만족도 조사를 거쳐야 확인할 수 있습니다.

챗봇은 고객과의 접점을 제공하는 채널이므로, 챗봇 내에서 모든 것을 다 해결할 수 있다고 생각하여 많은 것들을 담아서는 안 됩니다. 모든 기능을 넣는다는 것은 자사에서 제공하는 모든 서비스를 하나의 챗봇 내에서 다 해결하겠다는 것인데, 실제로는 그렇지 않습니다. 오프라인 매장, 홈페이지, 어플리케이션, 고객센터 등 하나의 회사에서도 고객과 마주할 수 있는 다양한 방법이 있고, 전화가 편한 사람과 매장 방문이 편한 사람, PC에서 상담하는 게 편한 사람 등 모두 제각각입니다. 따라서 챗봇에서 다양한 기능을 구현하기보다는 채팅 인터페이스가 익숙하고 친근한 사용자를 대상으로 접근하여, 특화된 서비스를 제공하는 것이 바람직합니다.

6.1 마케팅 융합 모델과 활용 방안

챗봇이라고 하면 CS 상담에 대한 해결책으로 많이 보고 있으나, 마케팅이나 앱과 같이 기능적인 요소에서도 많은 활용이 이루어지고 있습니다. 웹에서 하는 마케팅은 사용자를 모으고 다시 액션을 취하게 하는 데 많은 비용이 소모되는 반면, 메신저 플랫폼에서 오랜 기간 공을 들여 사용자를 모은 경우, 사용자에게 정보나 광고를 제공하기 쉽고 다음 액션을 이끌어내는 데 보다 수월합니다.

가령, 커머스 회사에서 결제 정보, 배송 정보를 일회성에 그치는 문자 메시지 대신 알림톡과 같은 플랫폼 메시지를 통해 발송할 경우, 자연스럽게 카카오톡 채널 추가로 이어집니다. 이렇게 사용자층이 두터워진 상황에서 챗봇과 연결된 메시지를 보내서 홍보와 관련되거나 재미를 위한 사용자의 액션을 이끌어낼 수도 있습니다.

6.2 챗봇과 혁신, 그리고 비즈니스 기회

6.2.1 > 고객 지원 서비스로의 챗봇

2016, 2017, 2018년을 거치면서 챗봇이 고객 지원 서비스에서 사람 없이 모든 것을 해결해 주지 못한다는 것은 증명되었습니다. 반면, 단순한 문의나 기간계 시스템과 연동하여 데이터의 조회, 입력, 변경 등의 작업을 함으로써 사람의 역할을 대체할 수 있는 것 또한 증명되었습니다. 챗봇에서는 간단하게 버튼을 누름으로써 데이터를 조회 및 접수하거나 요청할 수 있습니다. 따라서 챗봇은 고객 지원 서비스에서 두각을 나타내고, 보다 편리하고 손쉽게 고객 서비스를 제공해 줄 것입니다.

6.2.2 > 음성 명령으로의 챗봇

챗봇과 음성 스피커는 서로 떼려야 뗄 수 없는 관계입니다. 다만, 챗봇은 화면을 기반으로 하고, 음성 스피커는 음성으로 명령을 내리고 기기나 스피커로 명령을 수행하거나 답변을 제공한다는 차이가 있습니다. 음성 스피커는 '불 켜줘', '에어컨 켜줘' 등의 명령어로 IoT 기기와 연결될 뿐만 아니라, 음성으로 정보를 알려 주는 데 탁월합니다. 이는 사람의 움직임을 최소화하고 음성으로 명령을 내려서 원하는 액션이나 정보를 얻어내는 데 좋습니다.

6.2.3 > 비즈니스 기회

2000년대에 오프라인 사업이 웹을 통해서 온라인화되었으며, 2010년대에 PC 온라인 사업이 앱이나 모바일로 넘어오게 되었습니다. 챗봇이나 음성봇도 이와 같이 앱에서 넘어와서 정보를 획득하고 서비스를 제공하게 될 것입니다. 하지만 모든 오프라인이 없어지거나 PC 온라인이 사라지지 않았듯, 앱이 없어지진 않고 기존의 사업과의 융합 모델이 자리 잡을 것으로 보입니다.

07 챗봇 도입 시 준비 사항

7.1 챗봇으로 어떤 가치를 제공할 것인가?

챗봇으로 사용자에게 상담 서비스를 제공할 것인지, 단순 재미를 제공할 것인지 등 제공하고자 하는 가치에 따라 크게 4가지 용도로 나눌 수 있습니다.

7.1.1 > 엔터테인먼트 챗봇

챗봇에 앱과 유사한 기능을 도입하여 사용자에게 서비스를 제공하는 챗봇이 있습니다. 그 분야도 다양한데 소셜네트워크, 스포츠, 뉴스, 게임, 푸드 등 많은 분야에서 챗봇을 만들고 있습니다. 국내에서는 '프로야구봇', '프리미어리그봇', '운세봇', '영화 퀴즈 챗봇_무무', 먹은 음식을 기록하고 이에 대한 통계 정보를 제공하는 '너의 입맛은' 정도를 들 수 있습니다. 해외는 챗봇 플랫폼을 시작한 지 국내보다 더 오래되었기 때문에 다양한 기능성 챗봇이 많은데, 'Swelly', 'Foxy', 'the Score' 등이 있습니다. 비트코인 시세를 알려 주는 챗봇, 주식 정보를 알려 주거나 은행 간 거래를 할 수 있는 챗봇도 있습니다.

7.1.2 > 마케팅용 챗봇

일시적으로 간단한 정보를 주고 이벤트 요소를 넣은 마케팅용 챗봇을 개발하는 경우도 있습니다. 챗봇을 통해 사용자에게 어떠한 액션을 취하게 하고, 추첨을 통해 상품을 준다거나 챗봇으로 들어온 사용자를 대상으로 이벤트를 하는 경우입니다. 챗봇은 설문 조사를 하기가 용이하고, 실물 상품이 아닌 쿠폰이나 e-티켓은 개인 정보를 받지 않고도 경품으로 줄 수 있어서 접근하기가 쉽습니다. 마케팅용 챗봇의 궁극적인 목적은 챗봇으로 들어오는 많은 사용자를 확보하여 차후에 있을 이벤트나 광고 메시지를 보낼 수 있는 기회를 획득함에 있습니다. 사용자와의 접점을 늘리기 위한 방법이라고 보면 되겠습니다. 마케팅이 성공적으로 치러지면, 차후에는 서비스 챗봇이나 CS 챗봇으로 전환하는 것도 가능합니다.

7.1.3 > 상품 소개 및 추천 챗봇

상품을 소개하고 추천하는 챗봇입니다. 인터파크의 톡집사, 11번가의 바로챗봇, 엘롯데의 챗봇이 이러한 챗봇에 속하며, 원하는 것을 말하면 제품을 나열하여 보여 줌으로써 해당 상품을 소개하고 추천해 줍니다. 결국 구매율을 높이고 사용자에게 보다 친숙하게 다가가기 위해 개발합니다.

7.1.4 > CS 챗봇

챗봇 중에서 가장 많이 개발되고 업체들이 고객 상담용으로 가장 많은 개발 의지를 가지고 있는 챗봇입니다. 아직은 완벽한 응대가 불가능하기에 챗봇이 온전히 100% 응대하는 것은 바람직하지 않습니다. 간단한 응대는 챗봇이 하고, 복잡하고 어려운 질문은 사람이 상담해 주는 방식이 좋습니다. 여러 가지 방식이 있는데 아래와 같습니다.

- 오전 9시부터 오후 6시까지 근무 시간에는 사람이 상담하고, 그 외 시간에는 챗봇이 상담해 주는 방법
- 챗봇이 상담해 주다가 사용자가 호출하면 사람이 응대하는 방법
- 위의 두 가지를 혼합하여, 챗봇이 상담해 주다가 사용자가 호출하면 사람이 응대하고, 근무 외 시간에는 100% 챗봇이 상담해 주는 방법

고객 문의 및 고객의 불만에 응대하는 채널이므로, 사람이 일정 부분 상담해 주는 내용이 포함되어 있습니다.

7.2 어떤 플랫폼을 사용할 것인가?

각 회사의 챗봇을 서비스하는 데에는 크게 3가지 유형이 있습니다. 자사에서 보유한 앱 내에 탑재하는 방법과 카카오톡, 페이스북 메신저, 라인처럼 메신저 플랫폼 회사에 비즈니스 계정을 만들어서 탑재하는 방법, PC 웹 화면이나 모바일 웹 화면에 탑재하는 방법입니다. 각각의 장단점을 비교해 보면 다음과 같습니다.

7.2.1 > 앱 내 탑재

> **• 챗봇 구축 사례:** 11번가 바로챗봇, 롯데백화점 챗봇 샬롯 등

기존에 서비스하던 앱 내에 챗봇을 탑재할 경우, 필수적으로 따라와야 하는 사항은 앱 설치 사용자
를 얼마나 많이 확보하고 있느냐입니다. 앱 설치에 대한 마케팅 비용의 허들이 높기 때문에 신규 서
비스를 앱 내에 탑재하는 것은 적합하지 않습니다. 예전과 달리 앱 설치를 하고자 하는 사용자의 진
입 장벽이 많이 높아졌고, 잠깐 사용해 보고 저장 용량의 문제로 삭제하는 경우도 많습니다.

보통 앱의 인터페이스는 화면 전체를 사용하여 누르기 쉽고, 제품을 찾기 쉬운 구조로 되어 있습니
다. 하지만 챗봇은 화면 전체를 사용하지 못하고, 시간의 흐름을 통한 질문 및 답변의 구조를 따르므
로 버튼의 한계가 존재하고, 질문을 해야 하는 경우 타이핑해야 하는 양이 많아져서 사용의 불편함이
있습니다. 따라서 앱에서는 CS 상담이나 재미를 주는 요소의 챗봇을 적용하는 것을 추천드립니다.

반면, 특정 솔루션의 챗봇을 사용하지 않고 자체적으로 개발한다면, 각 회사의 입맛에 맞는 챗봇을
자유롭게 개발할 수 있다는 장점이 있습니다. 가령 의류 쇼핑몰의 경우 사이즈를 선택하거나, 찾고
자 하는 제품의 조건을 중복으로 선택해야 하는 경우가 발생할 수 있습니다. 혹은 서점의 경우에도
출판사, 저자, 출간연도 등 다양한 조건을 나열해 놓고 물어봐야 하는 경우가 있습니다. 일반적인 메
신저의 챗봇이라면 제공하는 템플릿이 한정되어 있기 때문에 웹으로 나가서 선택하게끔 해야 하나,
자체적으로 앱 내에 챗봇을 개발하게 된다면 챗봇 내에서 이를 해결할 수가 있습니다. 체크 리스트
형의 템플릿을 자체적으로 개발할 수도 있고, 선택형 버튼에 텍스트가 아닌 이미지를 나열하여 이미
지를 선택하게 하는 것도 가능합니다.

7.2.2 > 메신저

• **챗봇 구축 사례:** 대성쎌틱 챗봇, 요기요 챗봇, 집밥백선생 챗봇 등

카카오톡, 페이스북 메신저, 네이버 톡톡, 라인 메신저와 같이 메신저 플랫폼 회사에 비즈니스 계정을 만들어서 챗봇을 구현할 수 있습니다. 카카오톡은 카카오톡 채널, 페이스북은 페이지, 네이버 톡톡은 톡톡친구, 라인은 공식계정이라는 이름으로 비즈니스 계정이 있습니다. 어떤 메신저를 선택할지는 챗봇을 도입하고자 하는 회사가 어떤 마케팅 채널을 많이 이용하는지의 영향도 있을 것입니다. 현재는 하나의 봇빌더 안에서 데이터를 설계 및 구축하여 모든 플랫폼에 적용하는 게 가능한 수준에 이르러, 채널을 다각화하여 모든 메신저에서 서비스를 제공할 수 있게 되었습니다. 하지만, 한 번에 모든 채널에서 챗봇을 제공하는 데는 무리가 있으므로, 차근차근 하나씩 적용해 나가는 것이 전체 부담을 줄일 수 있습니다. 차근차근 적용해 나가는 데는 챗봇이 어떤 목적을 가지고 있는지, 해당하는 목적에 어떤 이용자를 타깃으로 하는지가 중요해집니다.

10~30대를 대상으로 하고 있고, 모든 사용자보다는 트렌디함에 초점을 맞추고 있다면 페이스북 메신저 챗봇이 좋습니다. 모든 사용자를 타깃으로 하고 있다면 당연히 카카오톡을 통해서 챗봇을 구축하는 게 좋습니다. 그 외에 네이버 스마트스토어에서 상품을 판매한다면 네이버 톡톡이 좋고, 가벼운 고객 상담이나 사용자가 빠르게 접근할 수 있는 상담이라면 구글 어시스턴트 등을 통한 챗봇 개발이 좋습니다.

7.2.3 > 웹 내 탑재

• **챗봇 구축 사례:** 현대카드 챗봇, 동원몰 챗봇 등

웹에 탑재되는 사례는 쇼핑몰이나 웹에서 제공하는 서비스에 방문자가 많은 경우가 대부분입니다. 홈페이지에 대한 관리를 꾸준히 하고 있고, 웹에서 제공하는 서비스를 주력으로 하고 있다면 웹에 탑재하는 것을 고려해 볼 만합니다.

7.3 어떤 데이터를 준비해야 하는가?

챗봇 도입 초창기에는 사람들이 A4 용지나 웹 페이지에 데이터가 있다고 생각하거나, 질문과 답변이 자동으로 분류되어 챗봇이 만들어지는 줄 알고 문의를 하던 때가 있었습니다. 그러나 이건 잘못된 생각이며, 챗봇 개발은 데이터로 시작하여 데이터로 끝난다고 해도 과언이 아닙니다. 챗봇 개발에는 기본적으로 'Q&A 형태의 데이터'가 필요합니다. 이는 버튼을 눌러서 답변하는 시나리오 챗봇 구축 시에 기본 바탕이 되는 데이터일 뿐만 아니라, 타이핑 질문에 대한 답변도 모두 이를 기반으로 제작합니다. 또한, 모든 서비스에는 '카테고리 형식'의 구조화된 Q&A를 가지고 있습니다. 이 데이터를 이용해 시나리오를 구성하고, 타이핑하는 질문에 대한 답변을 구성하게 됩니다.

'Q&A 형태의 데이터'는 하나의 매칭된 구조로 되어 있지 않고, 여러 개의 질문과 하나의 답변으로 구성되어 있습니다. 질문은 '챗봇이란?', '챗봇이 뭐야?', '챗봇은 무엇을 의미해?', '챗봇이라는 게 뭐야?' 등 다양한 형태로 구성되나, 답변은 '챗봇이란 채팅과 로봇의 합성어로써 채팅창에서 컴퓨터가 답변해 주는 서비스를 통틀어서 얘기합니다'라는 고정된 하나의 답변만 제공합니다. 따라서 예상 질문과 그에 맞는 하나의 답변을 하나의 세트로 구성하여 여러 개의 세트를 준비해야 합니다.

'카테고리 구조'란 예를 들어 쇼핑몰의 Q&A 카테고리라고 하면 '상품문의 / 주문 & 결제 / 배송 문의 / 해외 배송 / 취소 & 변경 / 교환 & 반품 / 매장 관련 / 입고 지연 / 기타 문의' 형식으로 대분류를 나눌 수 있습니다. 그 안에 또 중분류가 있고, 그 안에 또 상세 분류가 있습니다. 상품 구성에서도 카테고리 구조를 가질 수 있는데, '브랜드 패션 / 의류 & 잡화 / 뷰티 / 레저 & 자동차 / 식품 / 출산 & 육아 / 생활 & 건강 / 가구 & 인테리어 / 디지털 & 가전 & 컴퓨터' 등의 형식을 띨 수 있습니다. 챗봇은 분류된 카테고리를 버튼으로 나열해서 보여줌으로써 시나리오 구조를 짜게 됩니다. 사용자가 뭘 질문해야 할지 모르거나 정확한 질문을 파악하지 못하고 있을 때, 바로 상세 분류에 대한 질문은 하지 못하더라도, 중분류 안에 있는 질문을 할 수 있습니다. 이때 중분류 안에 있는 답변을 하는 동시에 버튼을 통해 상세 분류로 갈 수 있는 기회를 열어 줍니다. 즉, 구조를 나눈다고 볼 수 있습니다.

문의 유형 (대분류)	문의 내용	답변
상품문의	박스 연결 부분에 테이프 자국이 있는데 정상적인 건가요?	상품 검수 과정에서 테이프 자국이 묻을 수 있습니다. 정상적인 제품입니다.
배송문의	방금 주문했습니다. 내일 받을 수 있나요?	구매하신 제품은 금일 발송하였습니다. 일반적으로 제품이 발송되면, 익일 80~90%는 수령하십니다. 하지만 지역 영업소의 사정에 의해 1~2일 지연될 수도 있으니 참고 부탁드려요.
교환문의	교환이 되나요?	어떤 제품을 교환하고 싶으세요? 상품 확인을 위해 고객님의 전화번호를 알려 주세요.
상품문의	도장은 찍어서 배송해 주시나요?	판매처의 도장이 박스에 찍혀서 갑니다. AS에 필요한 영수증은 구매한 사이트에 남아 있으니 이를 증빙자료로 활용하시면 됩니다. 감사합니다.
	AS 접수는 어떻게 하죠?	

상품이 아닌 예약이나 행사 이벤트 등에서도 유사한 패턴을 보입니다. 이러한 질문과 답변의 데이터 셋을 전부 준비해야 합니다. 많은 업체들과 미팅해 본 경험에 비추어 보면 간단한 Q&A를 가지고 있을 뿐, 데이터를 거의 보유하고 있지 않거나 데이터는 있지만 정제되지 않은 데이터를 보유하고 있는 회사가 대부분이었습니다. 인공지능과 관련된 사업으로 전환하려면 지금부터라도 차근차근 준비하고 쌓아 나가야만 합니다.

CS용 챗봇은 이러한 Q&A 데이터를 주축으로 챗봇 개발을 하게 되나, 콘텐츠나 기능적인 요소의 챗봇은 여러 가지 스몰 토크와 관련된 데이터를 주축으로, 특정 기능을 실행하는 예상 질문들을 구성해야 합니다. 운세봇의 경우는 '이달의 운세', '이번 달 운세 보여줘', '내년 운세', '오늘 운세', '내일 운세' 등을 주로 물어보기에 '이번 달 운세가 어떻게 돼?'와 같은 발화를 '이달의 운세'와 연결할 수 있도록 각각의 정보를 알려 주는 특정 기능들과 연결할 수 있는 발화를 준비해야 합니다.

··2··

국내에서
개발된 다양한
챗봇 사례

국내에서도 이제는 챗봇이 대중화되어
많은 챗봇들이 개발되었습니다.
고객 응대를 해결하는 CS 챗봇부터
마케팅용으로 활용되는 마케팅 챗봇,
서비스 기능을 제공하는 서비스 챗봇,
정보를 제공하는 콘텐츠 챗봇까지 다양한
사례가 있습니다. 이번 파트에서는 다양한
기능이 적용된 챗봇과 각 플랫폼별
사례를 살펴보겠습니다.

- **제공 채널:** 카카오톡
- **챗봇의 범주:** 엔터테인먼트 챗봇
- **세부 카테고리:** 푸드 관련 서비스 챗봇
- **상담원 운영 여부:** 불가
- **특이점:** 가본 음식점 및 갈 음식점을 기록하고 먹은 장르를 기록 & 검색 & 관리

[너.입.맛! 너의 입맛은?]

'너.입.맛! 너의 입맛은?' 서비스는 카카오톡을 기반으로 한 서비스 챗봇입니다. 크게 3가지 기능을 가지고 있는데, 다녀온 음식점을 기록하는 기능, 갈 계획인 음식점을 기록하는 기능, 앞서 기록한 내용을 잘 찾는 기능입니다. 흔히 챗봇은 CS용으로 많이 개발되지만, 메신저 플랫폼을 통한 높은 접근성을 장점으로 살려서 기능을 강조한 챗봇입니다.

['지금 여기 있어' 플로우]

'지금 여기 있어'를 누르면, '위치를 찾아볼까 호홍?'이라는 버튼이 나옵니다. 이를 눌러서 지도를 불러와 현재 위치나 장소명으로 위치를 검색하여 위치를 전송할 수 있습니다. 지도는 카카오맵을 기반으로 하고 있으며, 전송된 위치는 텍스트로 상세 주소가 나옵니다. 그다음으로 음식점 이름이나 추가 정보를 등록할 수 있습니다.

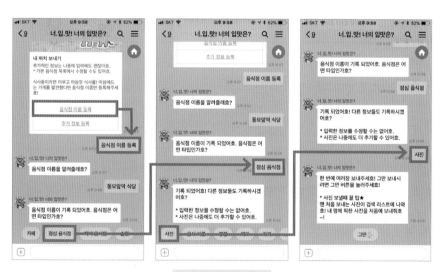

['지금 여기 있어' 플로우]

'지금 여기 있어' 플로우에서는 음식점 이름, 음식점 타입, 평점, 음식 이름 등을 기록할 수 있습니다.

['지금 여기 있어' 플로우]

특히 챗봇에 사진, 동영상, 캡처 파일을 업로드하고 이를 기록해 두는 기능도 있습니다. 사진을 챗봇에 업로드하면, 해당 음식 사진들을 저장해 놨다가 음식점을 검색할 때 같이 보여 줍니다. 친구에게 공유할 수 있어서 친구도 음식 사진을 볼 수 있으며, 정보를 다양하게 제공하는 장점이 있습니다.

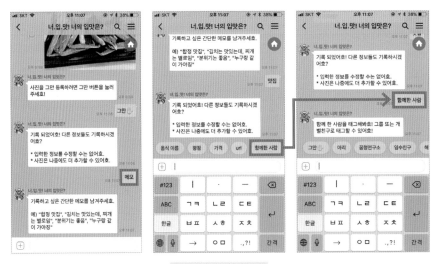

['지금 여기 있어' 플로우]

그 외에도 음식점에 대한 평점이나 메모를 남기거나, 같이 간 사람을 태그하여 저장할 수 있습니다. 같이 간 사람을 태그하면 챗봇에서 상대방에게 답변을 줄 때, 랜덤으로 같이 간 음식점이라고 알림을 주게 되어 있습니다.

['나중에 갈 계획이야' 플로우]

'나중에 갈 계획이야'의 플로우는 가고자 하는 음식점을 기록해 놨다가 나중에 검색하여 볼 수 있도록 하는 기능을 가지고 있습니다.

['링크를 복사해서 붙여넣기' 플로우]

링크를 복사해서 챗봇에 붙여넣으면 바로 저장을 할 것인지, 위치 등을 기록할 것인지 묻습니다. 이를 이용하여 컴퓨터나 모바일에서 맛집을 검색하다가 링크만 복사하여 붙여넣어서 손쉽게 저장할 수 있습니다.

['사진을 바로 업로드' 플로우]

챗봇에게 별다른 명령 없이 사진 이미지를 업로드하면, 바로 '지금 여기 있어'라는 명령을 내려서 음식점에 도착해 있어서 저장하는 것인지, 아니면 '나중에 갈 계획이야'라는 명령을 내려서 나중에 갈 계획인지를 나누어서 저장할 수 있습니다.

['사진을 바로 업로드' 후 음식점을 기록하는 플로우]

사진을 업로드 후 바로 음식점을 기록하는 플로우입니다. 이미 가지고 있던 사진을 이용하여 손쉽게 등록하게끔 플로우를 짜봤습니다.

['기록한 정보 보기' 플로우]

기록해 놓은 정보들을 볼 수 있는 플로우입니다. 여기서도 크게 3가지로 나뉘는데, 가 본 음식점들, 갈 예정인 음식점들, 검색하기입니다. '가 본 음식점들'은 다녀온 음식점에 대한 정보를 볼 수 있으며, 최근에 다녀온 음식점, 위치 검색, 이번 달에 무엇을 먹었는지 요약, 한식/양식/일식 등 먹었던 음식 타입의 통계를 볼 수 있습니다.

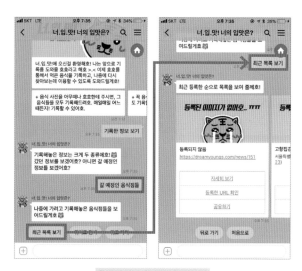

['갈 예정인 음식점들' 플로우]

'갈 예정인 음식점들'은 '나중에 갈 계획이야'에서 등록한 URL과 이미지가 나옵니다. '최근 목록 보기'의 경우 최근에 등록해 놓은 음식점 목록이 나옵니다.

['갈 예정인 음식점들' 플로우]

'갈 예정인 음식점들'에서 '위치로 검색'을 누르면 지도를 띄워서 검색할 수 있습니다. 이 기능의 장점은 홍대에 도착했을 때 위치 검색을 하면 홍대 주변의 음식점을 찾을 수 있고, 대구에 도착했을 때 위치 검색을 하면 대구 근처에 등록해 놓은 음식점을 찾을 수 있습니다.

그 외에도 '검색 마포', '검색 고기', '검색 우동'과 같이 앞에 '검색'이라는 단어를 넣고 그 뒤에 찾고자 하는 단어를 넣으면, 찾고자 하는 음식점을 쉽게 찾을 수 있도록 해놨습니다.

02 동원몰

- **제공 채널:** 웹
- **챗봇의 범주:** CS 챗봇
- **세부 카테고리:** 쇼핑에 대한 고객 상담
- **상담원 운영 여부:** 불가
- **특이점:** 고객 응대용인데 상담원과의 대화 불가

[동원몰 홈페이지]

'동원몰'에서 개발한 챗봇[4]은 IBM 왓슨을 기반으로 만들어졌다고 합니다. 챗봇을 의인화하여 '푸디'라는 이름이 지어졌으며, 푸드(Food, 식품)와 버디(Buddy, 단짝)의 합성어로 식품 전문 챗봇만의 차별화된 서비스로 고객에게 더욱 친밀하게 다가가겠다는 의미라고 합니다. 일반적으로 PC 웹에 연결된 챗봇은 PC 웹 화면 오른쪽 아래에 동그라미나 네모 버튼이 둥둥 떠다니며 그 버튼을 누르면 챗봇이 실행되는데, 동원몰은 특이하게 오른쪽 쇼핑 바에 챗봇 버튼을 넣어 놨습니다.

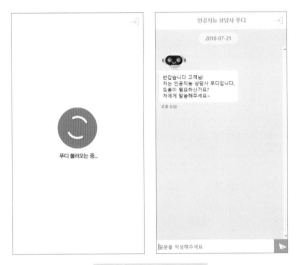

[동원몰 푸디 챗봇 시작 화면]

'챗봇 상담'을 누르면 푸디 챗봇이 실행됩니다. 특이하게도 메시지를 보내는 버튼이 텔레그램의 로고와 유사합니다. 버튼으로 답을 찾아가는 시나리오 형태로, 처음에는 별도의 안내 버튼이 없기 때문에 챗봇에게 알맞은 질문을 타이핑해야 합니다.

4 동원몰 챗봇 '푸디' 기사: http://www.newswire.co.kr/newsRead.php?no=850624

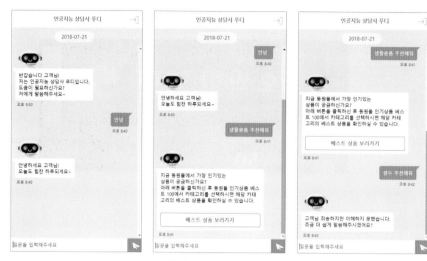

[동원몰 푸디 챗봇과의 대화]

'안녕'이나 '반가워' 정도의 인사말에는 잘 응답합니다. '생수 추천해줘'와 같은 상품 추천은 해 주지 않고 CS 상담용으로만 운영되고 있는 듯합니다.

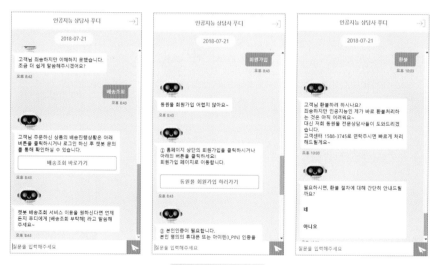

[배송조회, 회원가입 등]

배송조회나 회원가입, 환불 절차에 대해서 문의하면 그에 대한 방법들을 알려 주고 있습니다. 조금 더 디테일하게 '환불 정책이 어떻게 되나요?' 등에 대한 답변 또한 해주고 있습니다.

03 대신증권 벤자민

- **제공 채널**: 웹
- **챗봇의 범주**: CS 챗봇
- **세부 카테고리**: 증권 서비스 이용에 관한 고객 상담
- **상담원 운영 여부**: 불가
- **특이점**: 채팅창 옆에 FAQ가 붙어 있어서 찾기 쉬움(업데이트 후 FAQ 없어짐)

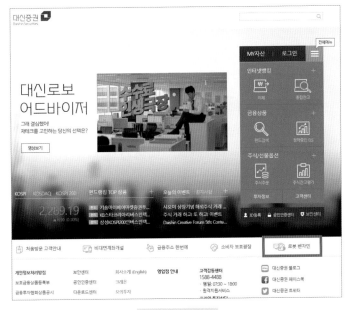

[대신증권 홈페이지]

'대신증권 벤자민' 챗봇은 대신증권 홈페이지에서 사용할 수 있으며, 오른쪽 아래 '로봇 벤자민'이라는 버튼이 있습니다. 다만, '로봇 벤자민'이라는 이름이 상담사 역할을 하는 챗봇인지는 한눈에 들어오지 않아서, 이 버튼을 눌러서 많은 문의를 하지는 않을 것 같은 아쉬움이 있습니다.

[챗봇 벤자민]

대신증권 로봇 벤자민의 경우는 별도의 팝업창에서 챗봇이 실행됩니다. 업데이트 전에는 챗봇뿐만 아니라 오른편에 자주 하는 질문들을 보여줌으로써 문의하고자 하는 내용을 간편하게 찾아볼 수도 있었습니다. 버튼을 제공하지 않고 타이핑하여 문의하는 챗봇의 단점을 극복한 좋은 사례로 보입니다.

04 라이나생명

- **제공 채널:** 카카오톡
- **챗봇의 범주:** CS 챗봇
- **세부 카테고리:** 보험 관련 고객 상담
- **상담원 운영 여부:** 가능
- **특이점:** 타이핑하여 질문하는 챗봇 상담은 다른 카카오톡 채널에서 상담 가능

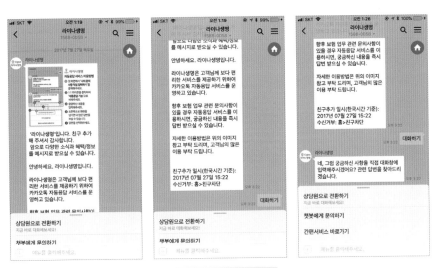

[라이나생명 (카카오톡) 챗봇]

'라이나생명'에서 구축한 챗봇[5]은 (구)API형으로 개발된 챗봇이었으나, 최근 오픈빌더로 다시 리뉴얼하여 오픈하였습니다.[6]

[오픈빌더를 이용하여 개발한 라이나생명 챗봇]

크게 '챗봇과 대화하기'와 '서비스 바로가기'로 나뉘며, '상담원으로 전환하기'는 사람인 상담사로 연결되어 답변해 주는 구조로 되어 있습니다. '챗봇과 대화하기'는 '라이나생명 챗봇 대화 서비스'라는 카카오톡 채널로 넘어가며, 여기서 타이핑하여 질문&답변이 가능합니다. '서비스 바로가기'는 버튼을 눌러서 답을 찾아갈 수 있는 구조로 되어 있습니다.

---

5 라이나생명 챗봇 기사: http://news.mk.co.kr/newsRead.php?year=2018&no=401912
6 라이나생명 오픈빌더 챗봇 기사: http://www.newscj.com/news/articleView.html?idxno=560046

[치아보험 청구나 보험금 청구에 대해 안내하고 있다]

고객의 입장에서는 타이핑하여 문의하거나 간편 서비스 버튼을 눌러가며 답을 찾고, 모두 해결이 안 될 경우에는 '상담원으로 전환하기'를 눌러서 상담사에게 상담을 받을 수 있습니다.

05 삼성닷컴

- **제공 채널:** 웹
- **챗봇의 범주:** CS 챗봇
- **세부 카테고리:** 쇼핑에 대한 고객 상담
- **상담원 운영 여부:** 불가
- **특이점:** 모바일 버튼을 PC에서도 같이 제공하다 보니 사용이 조금 어려움

[삼성닷컴에서 우측 하단에 + 버튼을 누르면 위와 같이 3개의 버튼이 나온다]

삼성닷컴 챗봇은 PC와 모바일 웹에서 제공하고 있습니다. 삼성닷컴 PC 웹의 오른쪽 하단에 + 버튼이 있으며, 버튼을 누르면 위와 같은 이미지가 나옵니다. 그중 가운데 있는 2개의 버튼은 각각 온라인 구매 상담에 대한 전문 상담사가 상담하는 기능과 챗봇이 상담해 주는 기능입니다. '안녕하세요. 무엇을 도와 드릴까요?' 버튼을 누르면 챗봇이 CS 응대를 해주게 됩니다.

[삼성닷컴 챗봇은 PC와 모바일 웹에서 제공 중이다]

PC에서 버튼을 누르면 위와 같이 팝업창이 떠서 챗봇을 사용할 수 있고, 모바일 웹에서는 채팅창 느낌의 인터페이스로 창이 새로 생성되어 챗봇을 사용할 수 있습니다. PC는 인터페이스상의 한계가 있기에 빠른 버튼은 마우스로 드래그해야 옆에 있는 버튼들을 볼 수 있으며, 슬라이드로 된 답변은 별도의 버튼을 제공하고 있습니다.

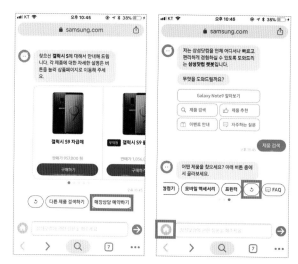

[삼성닷컴 챗봇 모바일 웹]

삼성 제품을 잘 보여 주고 있으며, 상담원과의 연결은 없고 '매장 상담 예약하기' 버튼을 제공하고 있어서, 해당 버튼을 누르면 매장 상담을 예약할 수 있는 웹 페이지로 연결이 됩니다. 채팅창 왼쪽 아래에 홈 키를 누르면 제일 처음으로 돌아가게 되어 있습니다. 특이한 점은 빠른 버튼에도 처음으로 돌아가는 버튼이 있는데, 'ↄ'와 같은 특수기호를 이용하여 표현하고 있습니다.

06 SSG 고객센터

- **제공 채널:** 앱
- **챗봇의 범주:** CS 챗봇
- **세부 카테고리:** 쇼핑에 대한 고객 상담
- **상담원 운영 여부:** 가능
- **특이점:** 음성 문의 가능

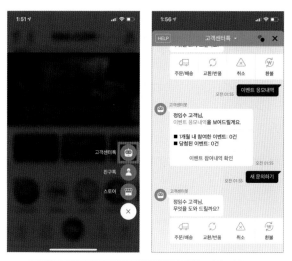

[SSG 챗봇은 앱을 실행하면 오른쪽 아래에 챗봇 버튼이 있다]

SSG 앱을 실행시키면, 화면 오른쪽 아래에 고객센터 챗봇을 이용할 수 있습니다. 고객센터 문의에서 해결하지 못하는 경우 상담사와 연결하여 사람과 대화할 수 있습니다.

[슬라이드 버튼이 나오고, 버튼을 누르면 바로 액션하지 않고, 선택 메뉴가 뜬다]

이전 버전은 챗봇 안내 버튼이 최대한 화면 밖으로 벗어나지 않고 한 화면 내에서 해결할 수 있도록 제공되었는데, 업데이트되면서 슬라이드 형태로 바뀌었습니다. 슬라이드 버튼도 누르면 바로 답변이 나오지 않고, 그 위에 나오는 파란색 팝업창의 버튼을 눌러야만 답변이 나옵니다. 정보는 시스템과 연동되어 3개월 내의 주문 정보나 배송 정보 등을 답변해 줍니다.

[Siri나 음성 스피커에서 나오는 가이드처럼 음성 안내에 대해 예시를 제공한다]

고객센터 챗봇에 이미지를 올릴 수는 없으나, 음성은 지원하고 있습니다. 왼쪽 위에 'HELP'를 누르거나, 채팅창 오른편에 마이크 버튼을 누르면 이렇게 물어보라는 예시를 제공합니다. 이 예시와 같이 문의하거나 그 외 음성으로 문의하면 이를 바로 인식하지는 않고, 채팅창에 해당 텍스트를 표기해 줍니다. 음성으로 말한 내용과 텍스트에 표기된 내용이 동일하다면 전송하고, 동일하지 않은 경우에는 일부 수정하고서 보내기 버튼을 누르면 답변을 줍니다.

07 서울도시가스

- **제공 채널:** 앱
- **챗봇의 범주:** CS 챗봇
- **세부 카테고리:** 도시가스 업무에 대한 고객 상담
- **상담원 운영 여부:** 가능
- **특이점:** 캐릭터로 의인화한 챗봇

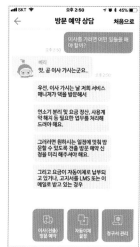

[서울도시가스 챗봇]

'서울도시가스' 챗봇은 앱에서 사용할 수 있습니다. 앱에서 기본적인 요금 조회나 납부를 할 수 있기 때문에 군이 챗봇을 이용하여 요금 조회나 요금 납부를 할 필요는 없습니다. 다만, 챗봇에서는 앱에서 제공하는 기본적인 기능뿐만 아니라 기타 상담도 가능합니다. UI/UX가 잘 구성되어 있는 것도 장점입니다. 알아듣지 못하는 말의 경우에는 상담원과의 상담이 가능합니다.

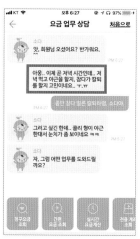
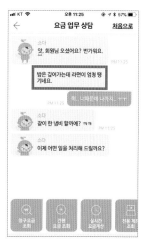

[시간대별로 다른 인사말을 한다]

캐릭터를 잘 살려서 캐릭터별로 다른 인사말을 합니다. 사용자 입장에서는 누를 때마다 다른 인사말을 하므로 봇의 딱딱함을 줄이고 친근함을 느낄 수 있습니다. 그뿐만 아니라, 시간대별로 다른 버튼을 제공하거나, 요일별로 다른 인사말도 합니다. 물론 더 많은 시나리오를 넣어야 하므로 개발에 더 많은 공수가 들어가게 됩니다.

- **제공 채널:** 앱, PC 웹
- **챗봇의 범주:** CS 챗봇
- **세부 카테고리:** 금융사 고객 상담
- **상담원 운영 여부:** 불가
- **특이점:** 2개의 캐릭터 상담 챗봇

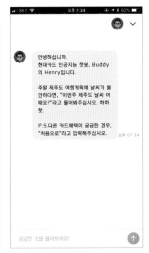

[현대카드 챗봇]

'현대카드'는 IBM 왓슨을 이용[7]하여 챗봇 서비스를 개발하였습니다. 현대카드의 챗봇은 앱이나 웹에서 모두 사용할 수 있습니다. 앱 오른쪽 아래에 별도의 팝업창을 띄워 주고 있으며, 이 버튼을 누르면 챗봇과 대화할 수 있습니다. 챗봇의 사용을 장려하듯 먼저 간단한 인사말을 하며, 버튼을 눌러 보면 Fiona와 Henry라는 여성과 남성을 의인화한 챗봇을 선택할 수 있습니다. 일반적으로 챗봇은 인격(Persona)을 설정할 때 2가지 답변을 준비하려면 어려움이 따르기에 하나의 인격만을 준비합니다. 현대카드의 경우는 간단한 인사말이나 스몰토크는 각각의 인격으로 답변하고, 고정화된 CS 상담은 동일하게 답변하는 것으로 보입니다.

---

7 현대카드, 인공지능(AI) 챗봇 서비스 '버디' 출시: http://www.etnews.com/20170818000231

[현대카드 챗봇]

처음에 안내할 때 날씨나 쇼핑할 곳을 물어볼 수 있다고 하여 날씨에 대해 문의해 봤습니다. 제주도뿐만 아니라 강원도, 서울 등의 날씨를 잘 알려 주며, 근처 쇼핑할 곳을 물어보면 현대카드로 적립 및 할인받을 수 있는 가맹점을 알려 줍니다. 사람과의 상담에서는 고객이 상담사에게 날씨를 물어보지는 않지만, 고객이 챗봇에 대한 기대감이 큰 시기에 개발하여서 날씨를 알려 주는 것으로 보입니다.

[현대카드 챗봇 플로우]

현대카드 챗봇에 카드 요금 조회를 문의하면 이번 달의 요금인지, 다음 달 예정 요금인지 되묻습니다. 되묻기한 질문에 답변을 하면, 카드 이용 금액을 확인할 수 있는 앱 내 링크를 알려 줍니다. 버튼을 누르면 화면이 전환되며, 바로 카드 요금을 확인할 수 있습니다.

[현대카드 챗봇]

별도의 웹뷰가 아닌 화면 안에서 보여 줄 수 있는 답변들은 링크를 같이 제공하여, 버튼을 누르면 상세 화면으로 이동할 수 있습니다. 일반적인 질문들은 이처럼 텍스트 답변 + 링크로 구성하여 화면을 전환하는 게 효율적인데, 챗봇에서의 답변만으로는 해결하지 못하는 경우가 다수 존재하기 때문에, 웹이나 앱 내의 링크로 이동시키는 전략을 구사하는 것입니다.

09 엘롯데

- **제공 채널:** 앱
- **챗봇의 범주:** CS 챗봇, 상품 추천 챗봇
- **세부 카테고리:** 쇼핑에 대한 고객 상담
- **상담원 운영 여부:** 가능(톡 상담 버튼을 통해 전환)
- **특이점:** 음성봇 기능 동시 제공 및 다양한 상품 추천

[엘롯데 앱을 실행시키면 오른쪽 아래 '로사' 챗봇이 있다]

'엘롯데' 챗봇은 롯데백화점과 IBM이 업무협약[8]을 맺고 개발한 챗봇입니다. 엘롯데 앱을 실행시키면 오른쪽 아래 '로사' 챗봇 아이콘이 뜨며, 해당 아이콘을 누르면 챗봇을 실행할 수 있습니다.

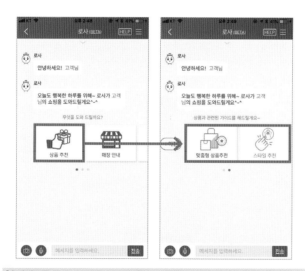

[슬라이드를 통해 아이콘을 누르면 백화점 매장이나 상품 추천 등을 받을 수 있다]

일반적이지 않게 슬라이드 템플릿 안에 있는 이미지를 누르면, 관련 텍스트가 발화로 나오는 대신 슬라이드의 화면이 전환되어 다른 정보를 나열하여 보여 줍니다.

---

8 세계 무대 서는 롯데百: http://www.etnews.com/20180320000236

['맞춤형 상품 추천'을 누르면 '나에게 맞는 옷 추천해'라고 나온다]

나열된 정보 중에 버튼을 누르면 이미지 안에 있는 텍스트가 나오는 것이 아니고, 미리 설정된 텍스트가 나오면서 해당 정보를 줍니다. 즉, 이미지 안의 텍스트와 버튼을 눌렀을 때의 텍스트가 다르게 나옵니다. 그 후에는 성별과 그 외 취향을 물어보면서 상품을 찾아가는 플로우로 구성됩니다.

[이미지를 적절하게 섞어서 해당 텍스트의 이해를 돕고 있다]

챗봇에서 상품을 찾아가는 과정은 카테고리에서 가짓수를 줄여나가는 것처럼 원하는 카테고리를 체크하면서 상품의 범위를 좁혀 나가는 방식입니다. 물론 음성이나 타이핑으로 '캐주얼한 스트라이프 옷 찾아줘'라고 해도 해당 옷을 검색해 줍니다.

- **제공 채널:** 앱
- **챗봇의 범주:** CS 챗봇
- **세부 카테고리:** 쇼핑에 대한 고객 상담
- **상담원 운영 여부:** 가능
- **특이점:** 챗봇상에서 할인 쿠폰 제공 및 다양한 상품 추천

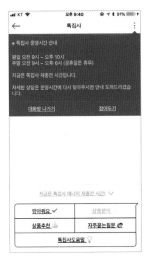

[사람이 상담해 주기 때문에 챗봇 운영 시간이 정해져 있다]

'인터파크 톡집사'는 2016년[9]부터 개발하여 운영해 왔으며, 현재 인터페이스가 조금 더 좋아졌습니다. 고객 상담의 창구로도 같이 쓰이고 있기 때문에 사람과의 상담도 병행하고 있습니다. 채팅창의 버튼이 조금 독특한 방식으로 구성되어 있으며, 누가 봐도 버튼임을 알 수 있도록 되어 있습니다. 버튼은 채팅창에 거의 노출하지 않고, 하단 자판 부분에 노출하는 방식으로 텔레그램 메신저의 인터페이스와 매우 흡사합니다.

---

9 인터파크, 챗봇 기반 쇼핑 서비스 '톡집사' 시작: http://www.zdnet.co.kr/view/?no=20160523095336&from=Mobile

11

영화 퀴즈 챗봇_무무

- **제공 채널:** 페이스북, 카카오톡
- **챗봇의 범주:** 엔터테인먼트 챗봇
- **세부 카테고리:** 영화 퀴즈를 제공하는 콘텐츠 챗봇
- **상담원 운영 여부:** 불가
- **특이점:** 게이미피케이션을 활용한 퀴즈 챗봇

[페이스북과 카카오톡으로 만들어 놓은 영화 퀴즈 챗봇_무무]

페이스북과 카카오톡에서 구동되는 '영화 퀴즈 챗봇_무무'입니다. 페이스북에서는 랭킹을 보여 주고 매주 영화 예매권을 상품으로 제공하고 있으며, 카카오톡은 퀴즈는 제공하고 있으나 랭킹도 따로 보여 주지 않고 영화 예매권을 상품으로 주고 있지 않습니다.

[페이스북 챗봇 플로우]

초기 플로우는 간단한 사용 설명서와 이용하는 방법에 대해 안내하고 있으며, 페이스북의 꽃인 '좋아요' 누르기를 처음에 유도하고 있습니다.

[맥스무비의 영화 예매 및 뉴스 제공]

또한, 맥스무비와 제휴하여 맥스무비의 모바일 웹에서 바로 영화 예매가 가능하고, 최신 영화 뉴스를 볼 수도 있습니다.

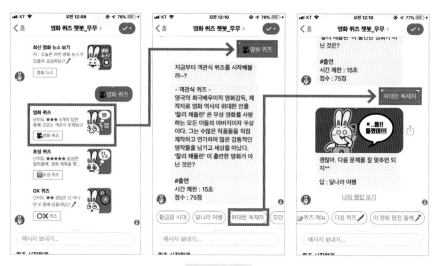

[영화 퀴즈 제공]

게이미피케이션을 활용하여 챗봇에서 제공하는 퀴즈를 사용자가 풀고, 정답을 많이 맞히면 그에 따른 보상으로 랭킹이 올라갑니다. 랭킹을 올려서 순위권 100위 안에 들면 추첨을 통하여 영화 예매권을 상품으로 제공합니다.

[시간 제한이 있는 퀴즈를 제공한다]

퀴즈는 총 3가지를 제공하고 있습니다. 객관식 퀴즈나 OX 퀴즈는 제한 시간을 초과하면 자동으로 메시지가 오면서 기존 선택 버튼을 덮어 버리며, 오답으로 처리합니다. 사용자가 챗봇에게 말을 걸기 전에 챗봇이 먼저 사용자에게 말을 거는 기능으로 사용자의 어뷰징을 막고 있습니다. 이는, 퀴즈의 정답을 미리 적어놨다가 퀴즈를 푸는 방법을 막는 데 이용하고 있습니다.

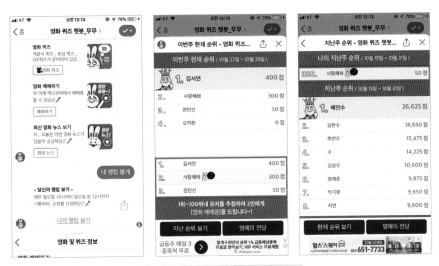

[매주 랭킹 제공 및 추첨을 통한 상품 제공]

페이스북 챗봇은 별도의 개인정보를 수집하고 있지 않으며, 난수로 된 페이스북 ID를 페이지별로 새롭게 부여합니다. 이 새롭게 부여된 ID를 가지고 사용자를 식별할 수 있으며, 사용자에게 닉네임 입력을 권유하거나 프로필 이름으로 이름을 부여합니다. 한 주가 끝나면 100위권에 들어간 사용자를 대상으로 자동으로 추첨을 하며, 해당 사용자에게 개별로 메시지를 보내서 상품을 쿠폰으로 제공하게 됩니다. 컴퓨터가 자동으로 추첨 메시지를 보내면 좋을 수도 있으나, 자칫 메시지 수신을 거부한 사용자가 있기도 하고, 상품에 대해 정확하게 안내하는 것이 안전하여 사람이 직접 보냅니다. 별도의 개인정보를 제공받지 않고도 사용자에게 상품을 제공하므로 회사 입장에서는 보다 개인정보 정책을 까다롭게 가지고 있지 않아도 된다는 장점과 사용자 입장에서는 개인정보를 제공하지 않아도 된다는 장점이 있습니다.

11번가 바로챗봇

- **제공 채널**: 앱
- **챗봇의 범주**: CS 챗봇, 상품 추천 챗봇
- **세부 카테고리**: 쇼핑에 대한 고객 상담
- **상담원 운영 여부**: 가능
- **특이점**: 여러 개의 챗봇을 운영하면서 상품 추천

[오른쪽 위에 1:1 말풍선 버튼을 누르면 여러 개의 챗봇이 나온다]

11번가 앱을 실행하면 오른쪽 위에 1:1 말풍선이 있으며, 이를 누르면 11톡 관련하여 마트 챗봇, 디지털 챗봇, 삼성전자 챗봇 이렇게 3개의 챗봇이 나옵니다. 각각의 챗봇은 해당 카테고리에 대해서 상품을 추천하기도 하고, 근무 시간대에는 사람이 상담해 주기도 합니다.

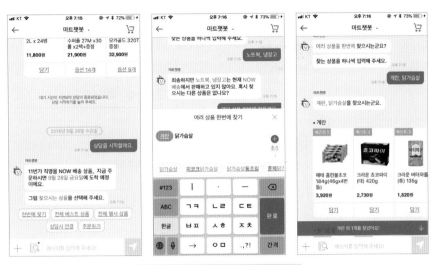
[상품 추천을 위한 버튼들이 구성되어 있다]

11번가 챗봇은 초기 기획 단계에서부터 상품 추천을 위한 형태로 개발이 진행되었는지 '한번에 찾기', '전체 베스트 상품', '전체 행사 상품' 등 상품 추천에 많이 집중되어 있는 것을 볼 수 있습니다. 물론 '상담사 연결' 버튼이 있어서 상담원과의 연결도 가능합니다. 현재는 챗봇 서비스를 종료하고, 알림톡, 혜택톡만을 운영 중입니다.

13 헬로우봇

- **제공 채널:** 페이스북, 카카오톡, 네이버 톡톡, 앱
- **챗봇의 범주:** 엔터테인먼트 챗봇
- **세부 카테고리:** 다양한 콘텐츠 챗봇
- **상담원 운영 여부:** 불가
- **특이점:** 하나의 앱 안에 여러 개의 챗봇이 탑재되어 있음

[귀여운 캐릭터를 의인화하여 캐릭터가 질문하고 답변한다]

앱스토어에서 '헬로우봇'으로 검색하면 앱을 다운로드받을 수 있습니다. '친구들 13'에서 유추해 볼 수 있듯이, 광고를 제외하고는 앱 내에 챗봇 캐릭터가 12개나 있습니다. 제일 유명한 챗봇은 타로를 보는 '라마마'이고, 그 외에도 욕을 대신해 주거나, 반려동물의 타로를 봐주거나, 감성을 나누는 감성 챗봇도 있습니다. 라마마의 스승이라고 하는 '풀리피' 캐릭터가 답변해 주는 운세 챗봇도 있습니다.

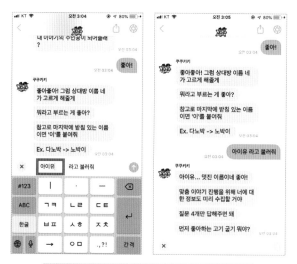

[채팅창을 제한하여 특정 이름만 입력할 수 있게 하였다]

채팅창의 인터페이스를 가지고 있으나, 타이핑이 자유롭지는 못하고 특정 버튼만 누를 수 있거나, 제한된 입력창에 이름을 입력하게 하여 의도하지 않은 발화는 넣지 못하도록 강제하는 전략을 사용하였습니다. 채팅을 자유롭게 하지 못하여 챗봇이 아니라는 주장도 간혹 있으나, 챗봇의 용어가 채팅창 인터페이스에서 봇의 답변을 통칭하므로 챗봇의 범주 안에 들어가며, 챗봇 제작자가 의도하는 답변을 끌어내기 위한 하나의 전략으로써 훌륭하다고 생각합니다.

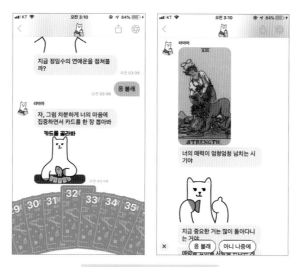

[타로점을 봐주는 타로 챗봇 라마마]

B2C 모델이면서 콘텐츠 챗봇으로서 국내에 가장 많은 사용자를 보유하고 있는 챗봇이며, 10~30대의 많은 사랑을 받고 있어서 앞으로의 서비스가 기대됩니다.

이처럼 챗봇을 개발하는 업체는 매년 늘어나고 있으며, 최근에는 국내에서 개발된 챗봇이 많아져 콘텐츠 챗봇, 고객상담용 CS 챗봇, 서비스 챗봇 등 다양한 사례가 늘어나고 있습니다. 이제 고객 상담은 대체로 챗봇 + 사람으로 연결되며, 간단한 문의는 봇이 해결하고 좀 더 복잡한 응대나 사람이 응대하여야 하는 난도 높은 상담에는 사람이 투입되어 해결하고 있습니다.
새로 출시되는 챗봇들도 더욱 가속화되어 2020년에는 2019년도의 챗봇 런칭 사례보다 3배가량 늘어날 것으로 예상됩니다. 챗봇을 개발하는 업체도 2016년에 비해 2017년에는 1.5배가량, 2017년에 비해 2018년에도 2배가량 지속적으로 늘어났기에, 2020년에도 더욱 다양하고 많은 챗봇을 볼 수 있으리라 기대됩니다.

··3··

챗봇의 기획

챗봇의 기획은 버튼을 눌렀을 때 나오는 답변의 플로우를 그리는 역할을 합니다. 이 기획을 위해서는 각 플랫폼 메신저의 템플릿 구성과 기능을 명확하게 파악해야만 합니다. 버튼의 글자 수 제한이나 메시지 전송 타입, 버튼을 몇 개나 넣을 수 있는지 등의 내용을 숙지해야 기획을 제대로 할 수 있습니다. 이에 각 기능을 살펴보겠습니다.

01 모바일 플랫폼별 가이드

1.1 페이스북

페이스북은 API가 공개되어 있고 높은 자유도를 가지고 있으며, 여러 종류의 템플릿과 많은 기능을 구현할 수 있게 되어 있습니다. 따라서 웹과 결합하면 앱을 만든다는 느낌이 들 정도로 다양한 표현을 할 수 있습니다. 단점은 기능이 많은 만큼 여러 기능을 사용하려면 개발의 공수도 많이 들어가고, API를 제공할 뿐 카카오와 같이 봇빌더를 직접 제공하고 있지는 않기 때문에 처음부터 끝까지 모든 것을 개발해야 합니다.

페이스북 페이지를 운영하는 국내 기업들은 홍보나 마케팅, 혹은 상품 판매를 위해 주로 이용하고 있고, 상담 문의의 비율이 대체로 낮습니다. 따라서 마케팅, 콘텐츠용 챗봇이나 기능적인 요소들이 포함된 챗봇을 만들고자 하는 경우가 많을 수밖에 없습니다. 이러한 이유로 개발 공수와 비용이 많이 드는 페이스북 챗봇의 개발이 국내에서는 많이 이루어지진 않았습니다. 해외에서는 사용자의 폭이 더 넓고 페이스북 메신저를 이용한 상담이 국내보다 훨씬 많이 이루어지고 있기 때문에, 시중에 나와 있는 여러 종류의 봇빌더를 많이 활용합니다. 단순하게 상담 문의를 해결하기 위해 챗봇을 만들 경우에는 봇빌더를 이용하면 됩니다.

1.1.1 > 메시지 전송 타입

❶ **텍스트 메시지:** 텍스트 메시지를 보낼 수 있습니다.

❷ **오디오 메시지:** MP3 파일의 오디오 메시지를 보낼 수 있습니다.

❸ **파일 메시지:** PDF 파일의 메시지를 보낼 수 있습니다.

❹ **이미지 메시지:** JEPG, PNG, GIF 파일의 이미지 메시지를 보낼 수 있습니다.

❺ **동영상 메시지:** MP4 파일의 동영상 메시지를 보낼 수 있습니다.

1.1.2 > 템플릿

❶ **버튼 템플릿**

텍스트(640자)와 행동 유도 버튼(1~3개)으로 구성되어 있습니다(행동 유도 버튼은 생략 가능).

What can I do to help?

Get Order Status

Call Me

[페이스북 메신저 – 버튼 템플릿]

❷ 일반 템플릿

일반 템플릿은 이미지 + 텍스트 + 행동 유도 버튼(1~3개)으로 구성되어 있습니다(이미지와 행동 유도 버튼은 생략 가능). 이미지의 경우, 이미지를 누르면 URL을 통해 웹뷰로 넘어가게끔 할 수 있으며, 이미지 사이즈는 1.91:1의 직사각형 타입(아래 이미지)과 1:1의 정사각형 타입 중 선택할 수 있습니다. 텍스트는 대제목(진한 글자 80글자), 소제목(연한 글자 80글자)으로 구성되어 있으며, 행동 유도 버튼은 다음 답변을 하거나, 웹 창을 열거나, 전화 걸기/공유하기/결제하기/URL을 통해 웹뷰로 가기 등을 할 수 있습니다.

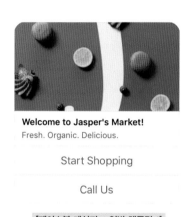

Welcome to Jasper's Market!
Fresh. Organic. Delicious.

Start Shopping

Call Us

[페이스북 메신저 – 일반 템플릿 1]

일반 템플릿에는 이미지를 넣지 않을 수도 있습니다. 이렇게 하면 버튼 템플릿과 차이가 없을 것으로 보이지만, 대제목 + 소제목으로 구성할 수 있고, 버튼 템플릿과 다르게 슬라이드로 구성할 수 있다는 큰 차이가 있습니다.

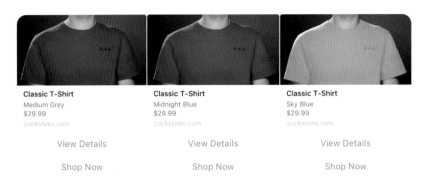

❸ 리스트 템플릿

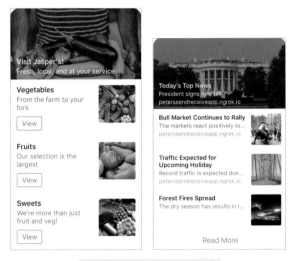

[페이스북 메신저 – 리스트 템플릿 1]

리스트 템플릿의 첫 번째 타입은 커버 이미지 위에 텍스트를 덮는 형태입니다. 따라서 맨 위에 있는 항목이 그 아래 항목보다 더욱 눈에 띌 수밖에 없습니다. 다른 항목들보다 강조해야 하는 항목이 있을 때 사용하면 좋습니다.

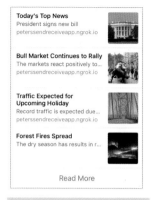

[페이스북 메신저 – 리스트 템플릿 2]

두 번째 타입은 모든 항목을 동일하게 리스트화하여 보여 줍니다. 항목은 2~4개로 구성되고 각 항목당 최대 1개의 행동 유도 버튼을 넣을 수 있습니다. 맨 아래의 [Read More]와 같이 별도의 버튼을 하나 넣을 수도 있으며, 텍스트는 대제목(진한 글자 80글자), 소제목(연한 글자 80글자)으로 구성되어 있습니다. 다만, 텍스트가 너무 길면 스마트폰 기기에서 글이 잘릴 수 있으므로 너무 많은 글을 설정하는 것은 좋지 않습니다.

❹ 오픈 그래프 템플릿

오픈 그래프 템플릿은 URL 및 버튼과 함께 보낼 수 있으나, 현재는 노래만 공유할 수 있습니다. 노래 앨범을 보고 미리 듣기를 할 수 있습니다.

[오픈 그래프 템플릿]

❺ 영수증 템플릿

결제 시 결제 내역을 보여 주는 템플릿으로 사용됩니다. 웹에서 결제 결과와 관련된 해당 내용을 페이스북 API로 보내면 챗봇에서 이를 사용자에게 보낼 수 있습니다.

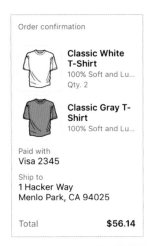

[페이스북 메신저 – 영수증 템플릿]

❻ 항공사 탑승권 템플릿

[페이스북 메신저 – 항공사 탑승권 템플릿]

❼ 항공사 체크인 템플릿

[페이스북 메신저 – 항공사 체크인 템플릿]

❽ 항공편 업데이트 템플릿

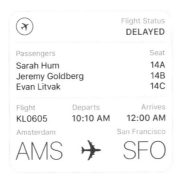

[페이스북 메신저 – 항공편 업데이트 템플릿]

페이스북에 항공사 템플릿이 많은 이유는, 일반적으로 사람들은 비행기를 자주 타고 다니지 않기 때문에 앱을 설치하여 티켓팅하는 것보다, 기존에 설치되어 있는 메신저의 챗봇 내에 템플릿을 제공하면 항공사가 이를 많이 활용하여 활성화될 거라는 페이스북의 계산이지 않았을까 추측해 볼 수 있습니다.

1.1.3 > 행동 유도 버튼

행동 유도 버튼이란, 앞서 설명한 템플릿들 안에 있는 버튼을 의미합니다. 사용자의 질문 후에 챗봇이 단순히 텍스트로 답변을 끝마치면, 사용자는 그다음에 어떠한 질문을 해야 할지 모르는 경우가 발생합니다. 이때 버튼을 제시하여 다음 질문을 유도하게 됩니다. 행동 유도 버튼은 다음과 같은 기능들을 가질 수 있습니다.

❶ URL 버튼: 페이스북 메신저 앱 내 웹 브라우저에서 웹 페이지를 여는 데 사용할 수 있습니다(웹 뷰가 열림). 웹뷰의 크기도 설정에 따라 3가지 종류를 사용할 수 있는데, 아래 이미지를 기준으로 작은 크기, 중간 크기, 최대 크기입니다. 간단한 사항을 입력할 때는 작은 크기를 활용하며, 그보다 많은 것을 보여 줘야 할 때 중간 크기나 최대 크기를 사용합니다.

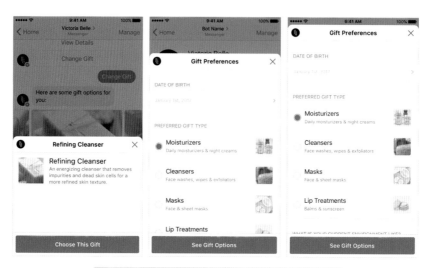

[URL 버튼을 누르면 위와 같이 메신저 웹뷰로 웹 페이지가 열린다]

❷ 포스트백 버튼: 액션을 수행하거나 답장할 수 있도록 개발자가 정의한 페이로드를 보냅니다. 예를 들어, 제품 이미지와 함께 [자세히 보기] 버튼이 있는데, 이 버튼을 누르면 해당 제품에 대한 코드 번호를 서버로 보내고, DB상에서 그 코드를 검색하여 코드 번호에 해당하는 상세 설명을 답변으로 내보낼 수 있습니다. 버튼을 누르면 텍스트 답변이나 템플릿 답변 등을 준다고 생각하면 이해하기 쉽습니다.

❸ 전화하기 버튼: 버튼을 누르면 전화를 겁니다. 저장해 놓은 전화번호 확인 창이 나오며, 해당 번호로 전화할 것인지 '예', '아니오'를 선택할 수 있습니다. 페이스북 메신저상에서 처리하는 내용이기 때문에, 실제로 전화 버튼을 몇 번이나 눌렀는지 챗봇 개발사 서버에서 알 수는 없습니다. 따라서 전화 발신에 대한 효율을 알기 위해서는 070 번호로 재연결하는 방법 등을 활용해야 하는 번거로움을 가지고 있습니다.

[전화하기 버튼]

❹ **공유하기 버튼:** 메신저에서 공유 창을 열어 페이스북 친구에게 해당 메시지에 대해 공유 메시지를 보낼 수 있습니다. 페이스북상의 친구에게만 공유되기 때문에 카카오톡이나 다른 SNS상에 공유하려면 별도의 홍보 사이트를 만들어서 링크를 제공하는 방법을 취해야 합니다.

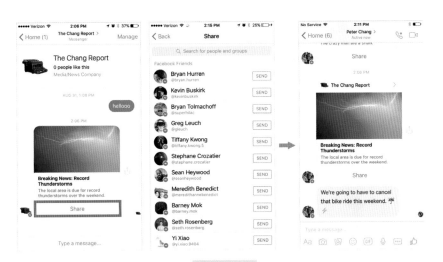

[공유하기 버튼]

❺ **구매 버튼:** 구매할 수 있도록 결제 창을 엽니다. 버튼을 누르면 결제 대화 상세가 열리면서 메시지 받는 사람이 결제 수단, 배송 주소, 기타 상세 정보를 선택할 수 있도록 되어 있습니다. 카카오톡 앱 내의 카카오페이 결제처럼, 몇 번의 버튼 클릭만으로 구매가 이루어진다고 보면 됩니다. 베타 버전이며, 아직은 미국에서 미국 사용자만을 대상으로 하고 있습니다.

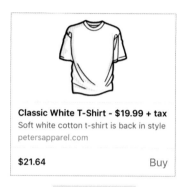

[페이스북 구매 버튼]

❻ **로그인 및 로그아웃 버튼:** 회원가입 혹은 로그인, 로그아웃을 할 수 있습니다. 회원가입을 하면 페이스북 프로필에 있는 정보인 이메일, 성별, 간략한 주소, 프로필 이미지 등 등록된 사항들을 얻을 수 있습니다. 페이스북 간편 로그인 방식과 매우 유사하나, 별도의 웹 개발 없이 해당 기능을 적용하기만 하여도 사용할 수 있다는 장점이 있습니다.

[로그인 및 로그아웃 버튼]

1.1.4 > 빠른 답장(Quick Reply)

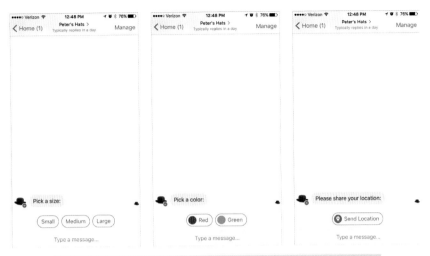

[페이스북 메신저 – 일반 빠른 답장, 이미지를 설정한 빠른 답장, 위치 보내기 빠른 답장]

빠른 답장은 메시지에 버튼을 표시하는 방법으로, 버튼은 키보드 위로 눈에 띄게 표시되고 키보드는 아래로 내려가서 덜 눈에 띕니다. 빠른 답장을 누르면 대화에서 메시지가 전송되며 개발자가 정의한 다음 액션이 나오게 됩니다. 행동 유도 버튼처럼 웹뷰로 가거나 전화를 걸거나 공유하는 기능은 되지 않으며, 버튼을 누르면 버튼이 사라지고 사용자가 메시지를 전송한 것처럼 표기됩니다.

버튼의 개수는 최대 11개까지 설정할 수 있습니다. 버튼의 글자 수는 최대 20자까지만 허용되며, 그보다 길면 글이 잘립니다. 버튼 내에 이미지를 삽입할 수도 있는데, 삽입하는 이미지는 24×24픽셀 이상이어야 하고 규격에 맞지 않으면 규격에 맞게 잘리고 크기가 조정됩니다.

버튼을 누르면 있던 이미지는 사라지고 텍스트만 남습니다. 선택한 버튼이 사라질 필요가 있을 때 (객관식 선택 버튼처럼) 활용하면 좋습니다. 앞서 설명한 템플릿 버튼의 경우에는 채팅창을 위로 스크롤하여 다시 버튼을 누를 수 있지만, 빠른 답장의 경우에는 버튼을 누르는 순간 버튼이 사라지기 때문에 다시 선택할 수 없습니다. 이는 이벤트를 진행하거나, 다시 버튼을 누르면 안 되는 경우에 사용할 수 있습니다.

[페이스북 메신저 – 위치 보내기 빠른 답장]

위치 보내기 빠른 답장은 지도를 띄워서 현재 자신의 위치를 보내거나 주소를 검색하여 보낼 수 있으며, 'Send Location'이라는 문구를 임의로 변경하지는 못합니다. 지도는 페이스북에서 지정한 지도만을 사용하여야 합니다. 아이폰에서는 애플 지도를 사용하고, 안드로이드에서는 구글 지도를 사용하며 PC에서는 MS의 Bing 지도를 사용하고 있습니다.

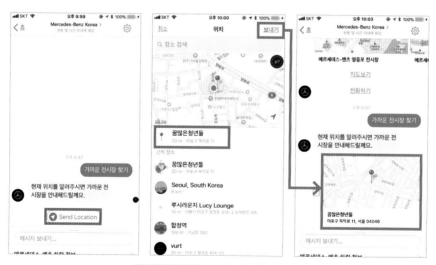

[페이스북 메신저 – 위치 보내기 빠른 답장]

현재 위치를 보내면 지도가 떠서 검색이나 자신의 GPS상의 위치를 보낼 수 있고, 위치를 보내고 나면 서버에 해당 주소가 와서 그 주소를 바탕으로 다음 액션을 취할 수 있습니다. 위의 이미지는 자신의 위치를 보내면, 그 위치를 기준으로 가까운 벤츠 전시장을 3개 보여 주는 시나리오입니다.

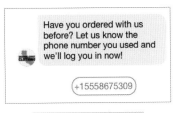

[사용자 전화번호 빠른 답장]

빠른 답장으로 사용자의 전화번호를 불러올 수도 있습니다. 사용자의 페이스북 프로필에 전화번호가 없으면 빠른 답장이 표시되지 않으며, 봇에서는 사용자가 빠른 답장을 클릭하여야만 전화번호를받을 수 있습니다. 빠른 답장을 선택하면 전화번호 정보가 개발자 서버로 1회 전송되는데, 계속해서그 정보에 액세스할 수 있는 권한이 부여되는 것은 아닙니다. 따라서 추후에 해당 사용자가 전화번호를 바꿨는지에 대해서는 알 수 없습니다.

사용자의 이메일 주소 또한 불러올 수 있습니다. 페이스북 회원가입을 위해서는 이메일이 필수이기때문에 이메일 주소가 반드시 표시됩니다. 빠른 답장을 선택하면 이메일 정보가 개발자 서버로 1회전송됩니다.

1.1.5 > 센더 액션(Sender Actions)

[페이스북 메신저 – 센더 액션]

센더 액션은 곧 답변할 예정인 것처럼 타이핑하고 있다는 느낌을 주는 액션입니다. '…'를 보여 줌으로써 사용자에게 당신의 요청을 받았고, 요청을 처리 중임을 알리는 액션입니다. 챗봇의 답변에 있어서 항상 즉시 답변해야 하는 것은 아니고, 연산 처리 시간이 걸리거나 추첨할 때 또는 챗봇도 고민중이라는 표현을 하고 싶을 때 사용하면 좋습니다. 이를 활용한 예시로, 운세봇이나 연애 운세 챗봇에서도 운세 정보를 즉시 알려 주지 않고, 운세를 뽑는 데 고민 중이라는 느낌으로 센더 액션을 2초씩 넣었습니다.

1.1.6 > 푸시 알림[10]

[앱에서 알림이 오는것처럼 메신저 플랫폼에서 알림이 오는 푸시 알림을 뜻한다]

모든 푸시 알림(태그)은 아래 나열된 것 외의 용도나 홍보 콘텐츠(오늘의 딜, 쿠폰 및 할인 또는 판매 공지사항)에 사용할 수 없습니다. 홍보 콘텐츠는 페이스북 광고 관리자에서 광고 비용을 지불하고 보내야 하며, 아래의 나열되지 않은 주기적인 발송의 경우는 페이스북에 건의하여 해당 태그를 추가 해 달라고 요청할 수 있습니다.

❶ **Community_Alert:** 메시지 받는 사람에게 긴급 또는 공익(재난, 안전, 전기, 수도 등)에 관한 알 림을 보내거나, 커뮤니티의 안전 확인을 요청하는 메시지를 보낼 때 사용합니다.

❷ **Confirmed_Event_Reminder:** 메시지를 받는 사람에게 사용자가 참석할 예약 이벤트의 알림을 보냅니다. 예를 들어 사용자가 강좌 또는 세미나, 이벤트 등에 등록해 놨는데 날짜가 다가왔을 때 알 림을 보내는 경우가 이에 해당합니다.

❸ **Non_Promotional_Subscription:** 메신저 플랫폼 정책에서 설명된 뉴스, 생산성, 개인 추적 도 구 카테고리의 비홍보성 메시지를 보낼 때 사용합니다.

❹ **Pairing_Update:** 메시지 받는 사람에게 이전 요청을 기반으로 상대방이나 목적을 찾았을 때 알 림을 보냅니다. 데이트 앱에서 매칭이 식별되거나 주차 공간에서 이용 가능한 공간을 찾았을 때 사 용됩니다. 페이스북 언어 교환 서비스인 '와플'에서도 데이팅 서비스는 아니지만, 단체 대화를 시도 할 여러 명과 매칭이 되었을 때 이 태그를 이용하여 보냅니다.

❺ **Application_Update:** 메시지 받는 사람에게 지원서의 상태에 대한 업데이트를 알릴 때 이 태그

---

10 페이스북 개발자 문서에서는 '태그'라는 명칭을 사용

를 이용하여 보냅니다. 지원서의 검토, 승인, 현재 상태 등에 이용됩니다.

❻ **Account_Update:** 메시지 받는 사람에게 계정 설정의 변경 사항을 알릴 때 사용합니다. 프로필의 변경, 기본 설정의 변경, 멤버십 만료, 비밀번호 변경에 이용됩니다. 여기서 이야기하는 계정 설정이란 페이스북의 계정을 의미하는 것은 아니고, 운영하고 있는 홈페이지에 회원가입이 되어 있는데 주소나 비밀번호를 변경했을 때, 페이스북 간편 로그인 등을 이용하여 계정이 연동되어 있을 때는 문자 대신 페이스북 메신저를 통해서 알림을 보낼 수 있습니다.

❼ **Payment_Update:** 메시지 받는 사람에게 기존 거래의 결제 업데이트를 알립니다. 영수증을 보내거나 재고 없음을 알리거나 경매의 종료 혹은 결제 거래 상태의 변경 등에 쓰입니다. 물품의 결제 후 정보에 대한 변경이나 알림 등에 쓰인다고 보면 됩니다.

❽ **Personal_Finance_Update:** 메시지 받는 사람의 금융 활동을 확인합니다. 청구-결제 알림이나 예약된 결제의 알림, 결제 영수증에 대한 알림, 자금 이체 확인이나 업데이트 등 금융 서비스의 기타 거래 활동에 대해 알림을 사용할 수 있습니다.

❾ **Shipping:** 이미 구매한 제품에 대한 배송 상태 알림을 위해서만 사용할 수 있습니다. 예를 들어 제품이 발송되거나 배송 중이거나 배송이 지연된 경우가 이에 해당합니다.

❿ **Reservation:** 기존 예약의 업데이트를 확인하기 위해서 사용할 수 있습니다. 일정이나 위치가 변경되거나 취소가 있는 경우(호텔 예약 취소, 렌터카 픽업 시간 변경, 객실 업그레이드가 확인된 경우)가 이에 해당합니다.

⓫ **Issue_Resolution:** 거래 발생 후 메신저 대화에 표시되는 고객 서비스 문제에 응답하기 위해서 사용할 수 있습니다. 이 태그는 비즈니스에서 문제를 해결하기 위해 24시간 이상 필요하고 누군가에게 상태 업데이트를 제공하고 추가 정보를 수집해야 하는 경우를 위한 것입니다.

⓬ **Appointment:** 기존 예약에 대한 업데이트를 제공할 때 사용됩니다. 시간 변경, 장소 업데이트 또는 취소(스파 예약 취소, 부동산 중개인 상담 장소 변경, 치과 진료 시간 변경 등)가 있습니다.

⓭ **Game_Event:** 사용자 진행 상황, 게임 관련 글로벌 이벤트, 라이브 스포츠 이벤트에 대한 업데이트를 제공하는 데에 사용할 수 있습니다. 작물을 수확할 수 있을 때, 건물이 완공된 경우, 일일 토너먼트나 좋아하는 축구팀 경기가 곧 시작할 때 이를 알릴 수 있습니다.

⓮ **Transportation:** 기존 예약의 업데이트를 확인하기 위해서 사용할 수 있습니다. 항공편, 기차 또는 페리 예약 변경이 있는 경우가 해당합니다.

⓯ **Feature_Functionality:** 봇에서 이용 가능한 새로운 기능이나 특징에 대한 업데이트 제공에 사용할 수 있습니다. 예를 들어 봇에서 라이브 에이전트와 대화하는 기능이나 봇의 새로운 기술 발표 등이 있습니다.

1.1.7 > 고정 메뉴

채팅창 하단에 자판을 치는 타이핑 창 대신에 고정으로 있는 메뉴 버튼이 있습니다. 고정으로 버튼을 설정해 놓고 사용자에게 해당 버튼으로 메뉴화하여 안내함으로써, 사용자는 쉽게 버튼을 눌러 빠르게 답변을 찾아낼 수 있습니다.

[고정 메뉴 버튼]

버튼을 채팅창에서 전환할 수 있으며, 메뉴는 3개 → 5개 → 5개 방식으로 총 75개의 버튼을 넣을 수 있습니다만, 너무 많으면 버튼을 찾기가 어려우므로 10개 이상의 버튼을 사용하는 것은 추천하지 않습니다.

여기까지는 기본적으로 표현되는 방식을 소개하였습니다. 챗봇 내에서 사용자에게 보이는 부분을 보여 준 것이며, 실제 챗봇 개발에서는 앞서 설명한 여러 기능을 복합적으로 활용하여 개발합니다.

1.1.8 > 페이스북 통계 페이지

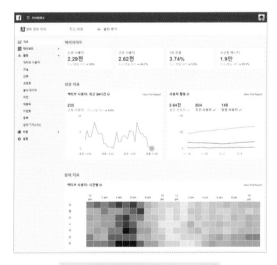

[페이스북은 통계 페이지를 제공하고 있다]

페이스북에서는 분석에 용이하도록 자체적으로 통계 페이지를 제공하고 있으며, 앱과 페이지 각각에 대해 분석합니다. 페이스북은 봇도 하나의 앱으로 개발하게끔 되어 있기 때문에, 자체 개발하지 않고 봇빌더를 사용하고 있다면 페이지의 통계를 보면 되고, 자체 개발했는데 하나의 메신저에만 연동되어 있다면 앱 통계를 봐도 무방합니다. 다만, 페이지의 통계는 페이지의 콘텐츠를 본 사용자 수와 메신저 사용자 수가 중복되므로 정확한 수치는 아니며, 대략 파악할 수 있는 정도입니다.

['데이터 필터링' → '이벤트 수행함' → 'Messages Received']

따라서 이때 필터를 추가하여 [이벤트 수행함]을 클릭 후 [Messages Received]나 [Messages Sent]를 선택하여 메신저를 사용한 사람만 걸러내면 보다 정확한 정보를 얻을 수 있습니다.

1.2 카카오톡

국내의 챗봇 시장은 카카오사의 영향을 많이 받을 수밖에 없는데, 국내에서 가장 많은 메신저 사용자를 확보하고 있고, 그 외의 메신저 서비스와 이용자 격차가 크기 때문입니다.

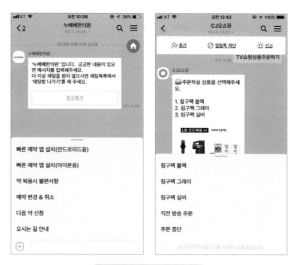

[FAQ형과 자동 응답 API형]

카카오톡은 2017년까지는 스마트채팅이라는 이름으로 'FAQ형'과 'API형'의 2가지 타입을 제공해 왔습니다. FAQ형은 10가지의 빠른 답변을 입력해 놓으면 버튼을 누를 때 답변이 나가는 서비스입니다. API형은 버튼을 누르거나 질문했을 때 답변이 나가는 서비스로, 개발자가 프로그래밍을 통해서만 만들 수 있습니다. 물론 국내에서 카카오톡에 대응하는 봇빌더를 개발한 업체들이 여럿 있으므로 이를 활용할 수도 있습니다.

하지만 2018년 3월 카카오에서는 '카카오 i 오픈빌더'를 클로즈 베타로 공개하였고, 2018년 12월에 오픈 베타로 공개하였습니다. '카카오 i 오픈빌더(이하 카카오 봇빌더)'는 카카오의 인공지능(AI) 플랫폼인 카카오톡의 비즈니스 계정 '카카오톡 채널'에 챗봇을 적용하여 개발하거나, 스마트 스피커인 '카카오 미니'에 활용되는 음성형 서비스에 적용할 수 있는 플랫폼 서비스입니다. 다시 말해 카카오톡에 적용되는 챗봇을 만들기 위해 자체적으로 개발한 봇빌더라고 보면 됩니다.

카카오 봇빌더는 자체 개발하였기 때문에 중소업체에서 만들어 놓은 봇빌더를 사용할 필요가 없으며, 이 봇빌더를 이용하여 카카오톡 챗봇을 만들면 됩니다. 다만, 오픈 베타 기간이기에 카카오에 권한 신청을 통해 권한이 승인되어야만 이용할 수 있으며, 별도로 공식 에이전시를 통해서 권한 신청을 할 수 있습니다. 이전에 제공하고 있던 API형과 이번에 새로 제공하는 카카오 봇빌더의 인터페이스는 상당히 많은 기능적인 차이를 보이고 있습니다. 일례로 페이스북이나 라인에서 제공하고 있는 옆으로 넘기는 슬라이드 템플릿이나 버튼을 3개까지 설정할 수 있는 메시지, 이미지를 설정하는 기능 등 다양한 기능을 제공하고 있습니다.

기존에 가지고 있던 불편한 점들이 많이 개선되었지만, 여전히 가지고 있는 불편함도 있습니다. 아직까지도 약 3초 안에 챗봇이 답변을 해줘야 하고, 답변까지 3초가 넘어갈 경우 메시지를 보내는 데 실패하게 됩니다. 채팅 로봇이 답변하는 것이므로 빠른 답변은 필수 요소인 듯 보이지만, 답변을 망설이는 표현을 하거나, 답변이 나가기까지 시간이 필요한 경우도 있습니다. 앞서 페이스북 챗봇의 센더 액션에서 이야기한 것처럼, 챗봇이 고민 중이라는 액션을 줘야 할 때도 있고, 이미지 머신러닝처럼 답변이 나갈 때 컴퓨터가 많은 연산 작업을 해야 해서 3초를 넘겨버릴 때도 있습니다. 하지만 꾸준히 업데이트 중이기에 차츰 개선될 것으로 보입니다.

1.2.1 > 메시지 전송 타입

❶ 텍스트형

- **텍스트 메시지:** 텍스트 메시지를 보낼 수 있습니다. 단일형의 경우 400글자까지 가능하며, 케로셀형의 경우 128글자까지 가능합니다.

[가장 흔히 쓰이는 텍스트 메시지]

- **텍스트 슬라이드 메시지:** 텍스트 메시지를 옆으로 넘길 수 있는 슬라이드 형태의 답변입니다. 슬라이드형이라 글자는 128자까지 가능합니다. 글자수의 제한이 있으므로 많은 것을 담기보다는 간략하게 안내하고 하단 버튼을 통해서 다시 세부 정보를 주는 방식으로 안내하는 것이 좋습니다.

[수정하기 쉬워서 많이 쓰인다]

❷ 이미지형

이미지 메시지를 보낼 수 있습니다. 1:1 비율의 정사각형 이미지 해상도는 정해져 있지 않으며 직사각형의 이미지 또한 정해진 해상도가 없고 2:1(가로:세로)의 비율로 올릴 수 있습니다. 통상적으로 1:1 비율은 600픽셀×600픽셀을 선호하며, 2:1 비율은 600픽셀×300픽셀을 선호합니다. 이미지형에는 버튼을 설정할 수가 없습니다.

[정사각형의 큰 이미지를 내보낼 수도 있고, 직사각형 이미지도 내보낼 수 있다]

❸ 카드형

– **카드형 메시지:** 카드형 메시지는 이미지와 타이틀, 그리고 텍스트를 넣어서 보낼 수 있습니다. 페이스북의 일반 템플릿과 유사하다고 보시면 됩니다.

[이미지와 텍스트를 함께 넣을 수 있다]

– 이미지 슬라이드 메시지: 이미지 메시지를 옆으로 넘길 수 있는 슬라이드 형태입니다. 이미지에 버튼을 넣고자 하는 경우에는 카드형 타입을 사용해야만 합니다. 버튼의 배경은 반드시 흰색이므로 이미지에 흰색 배경을 사용하면 자칫 이상해 보일 수 있습니다.

[이미지와 버튼을 넣을 수 있다]

– 카드형 슬라이드 메시지: 이미지와 텍스트 메시지를 옆으로 넘길 수 있는 슬라이드형으로, 10개까지 보여줄 수 있습니다.

[이미지와 텍스트 메시지를 옆으로 넘길 수 있다]

❹ 커머스형

– 커머스형 메시지: 이미지 + 브랜드명 + 가격 + 상품명 + 버튼(1~3개)으로 구성된 메시지입니다. 물건을 판매하는 쇼핑몰 등에서 사용할 수 있으며, 카카오페이와 연동하여 결제를 할 수 있습니다. '상세보기'나 '자세히보기'라는 문구를 넣어 놓고, 해당 버튼을 누르면 웹이나 앱으로 연결하여 구매하도록 안내할 수 있습니다.

['자세히보기'나 이미지를 누르면 웹이나 앱으로 연결이 가능하다]

– 커머스형 슬라이드 메시지: 이미지 + 브랜드명 + 가격 + 상품명 + 버튼(1~3개)으로 구성된 메시지에 옆으로 넘겨서 볼 수 있는 슬라이드 형태가 포함되어 있습니다. 상품을 나열해서 볼 수 있으므로 상품의 카테고리를 나눈다거나, 물품을 고를 수 있게 하는 등의 기능을 가지고 있습니다. 정사각형 이미지로 구성하게 되면 버튼은 최대 2개까지만 넣을 수 있습니다.

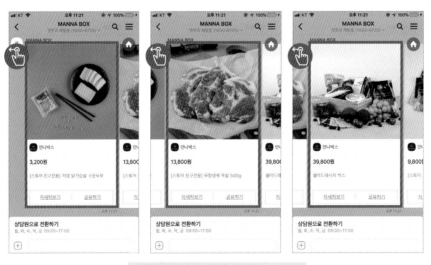

[케로셀 커머스형은 상품을 나열하여 보여 준다]

❺ 리스트형 메시지

페이스북에서 제공하는 리스트 템플릿과 흡사합니다. 각 타이틀과 설명을 입력할 수 있으며, 최소 2개에서 최대 5개까지 만들 수 있습니다. 뉴스에서 각 이미지와 제목을 보여 주거나, 제품을 각 이미지와 함께 나열해서 보여 줄 때 사용됩니다. 옆으로 넘기는 슬라이드 형태와는 달리 하나의 화면에서 길게 보여 준다는 점이 다르긴 한데, 아직 많이 사용되는 타입은 아닙니다. 아래와 같이 글이나 이미지를 누르면 웹뷰를 통해 웹 페이지를 보여 줄 수 있으며, 행동 유도 버튼은 하단에 최대 2개까지 넣을 수 있습니다.

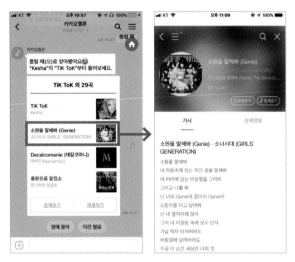

[리스트형은 하나의 화면에서 길게 보여 준다]

1.2.2 > 바로 연결 응답

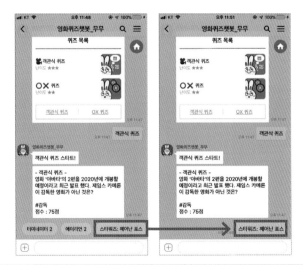

[바로 연결 응답 버튼을 누르면 위와 같이 예시가 없어지고 해당 키워드가 송출된다]

바로 연결 응답(빠른 답장)은 메시지에 버튼을 표시하는 방법으로, 텍스트 답변 창 아래에 위치하여 눈에 띕니다. 바로 연결 응답을 누르면 대화에서 메시지가 전송되며 개발자가 정의한 다음 액션이 나오게 됩니다.

일반적인 답변에 포함된 버튼처럼 웹뷰로 가거나, 전화를 걸거나, 공유하는 기능은 되지 않습니다. 버튼을 누르면 버튼이 사라지며, 사용자가 메시지를 전송한 것처럼 표기가 됩니다. 버튼은 최대 10개까지 넣을 수 있으며, 버튼의 글자 수는 최대 14자까지만 허용되고 그보다 길게 입력할 수는 없습니다.

이 기능은 선택한 버튼이 사라질 필요가 있을 때(객관식 선택 버튼처럼) 활용하면 좋습니다. 앞서 설명한 메시지들의 버튼 같은 경우, 채팅창을 위로 올리면 다시 버튼을 누를 수 있었습니다. 하지만 바로 연결 응답에서 사용되는 버튼은 다음 메시지가 나오면 다시 누를 수가 없습니다. 이는 이벤트를 진행하거나, 다시 버튼을 누르면 안 되는 경우에 사용됩니다.

1.2.3 > 플러그인

❶ 지도 기능

챗봇에서 지도를 열어서 자신의 현재 위치를 보내거나, 특정 주소를 찾아서 입력하게 해주는 기능입니다. '서울 마포 독막로 11'이나 '독막로 11'이라고 타이핑하는 등의 일정한 형식에 맞지 않는 주소 입력을 방지할 수 있습니다. 특정 주소를 기준으로 가까운 매장이나 지점을 안내하는 용도로 사용되곤 합니다.

['지도에서 주소 찾기'를 누르면 지도가 뜨고, 특정 위치의 주소를 보낼 수 있다]

❷ 날짜 기능

채팅창에 날짜를 스크롤하여 선택할 수 있는 창을 띄워 주는 기능입니다. 이 역시 지도 기능과 유사하게, '다음 주 수요일', '모레' 등의 질문을 하였을 때 해당 질문에 대해서 단어별로 예외 처리나 알고리즘을 짜서 처리하는 것보다, 사용자가 스크롤하여 화면을 보고 쉽게 선택할 수 있도록 합니다.

[채팅창에 스크롤하여 날짜를 선택할 수 있다]

날짜 플러그인은 다양한 것을 설정할 수 있는데, 과거만 선택할 수 있게 하거나, 미래만 선택할 수 있게 하거나, 과거와 미래 둘 다 선택이 가능하게 할 수 있습니다. 또한, '1월 3일부터 1월 7일까지' 처럼 특정 범위의 날짜만 선택할 수도 있으며, 시간은 표시가 되지 않고 날짜만 선택할 수도 있고, 1분, 5분, 10분, 15분, 20분, 30분 단위로 분 단위를 선택할 수 있습니다.

❸ 공유하기

친구나 단체방에 해당 메시지를 공유할 수 있습니다. 케로셀로 되어 있으면 전체를 공유하지는 않고, 하나의 카드만 공유하게 됩니다.

[공유하기 기능]

❹ 톡채널 포스트

카카오톡 채널 소식란의 포스트를 연결하여 보여 줄 수 있습니다만, 각각의 포스트는 웹 링크를 가지고 있기 때문에 플러그인 기능을 사용하지 않고 웹 링크를 연결해도 무방합니다. 플러그인으로 사용할 때의 장점은 포스트해 놓은 글의 제목이 리스트로 뜨기 때문에 해당 글을 찾기가 수월하다는 점입니다.

[카카오톡 채널 소식란의 글을 가져다가 바로 보여 준다]

소식란에는 사진이나 동영상, 카드 뷰 등을 올릴 수 있고, 카카오톡 채널을 통해서 이를 홍보할 수 있습니다. 상품에 대한 상세 내용이나 이벤트 내용을 적어 두기 때문에, 챗봇 내의 답변에서 해당 포스트를 연결하여 세부 내용을 보여 주거나, 못 본 사용자들에게 다시 노출할 수 있습니다.

❺ 톡채널 쿠폰

카카오톡 채널 관리자 페이지에서 발행한 쿠폰을 연결하여 보여 줄 수 있습니다.

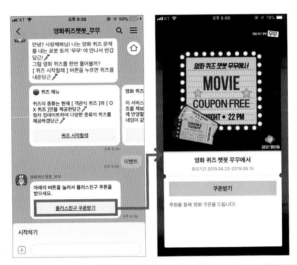

[챗봇상에서 버튼을 누르면 카카오톡 채널 관리자 페이지에서 설정한 쿠폰을 제공할 수 있다]

❻ 카카오TV 연결

원래는 플러그인 기능이었지만 현재는 URL 링크에 카카오TV 영상의 링크를 넣기만 하면 됩니다.

[채팅창 내에서 영상을 띄워서 보여 준다]

버튼을 누르면 카카오톡 채널 채팅창 내에서 영상을 바로 볼 수 있으며, 영상 내에 있는 버튼을 눌러 전체 화면으로 전환할 수 있습니다. 채팅창에서 바로 보여 주니 편리하고, 영상을 다 보고 나면 다시 채팅을 할 수 있어서 편리합니다. 카카오TV에 올려 둔 영상만 연결할 수 있으며, 유튜브 연결은 웹 뷰로 보여 줍니다.

❼ 상담원 연결

버튼을 누르면 상담원과 연결이 가능합니다. 평소에도 하단에 [상담원으로 전환하기] 버튼을 제공하고 있으나, 특정 답변에서는 필수적으로 상담원의 상담이 필요한 경우가 있습니다. 이때 답변과 함께 상담원 연결을 권유하여 상담사와의 상담을 유도하는 전략이 필요합니다.

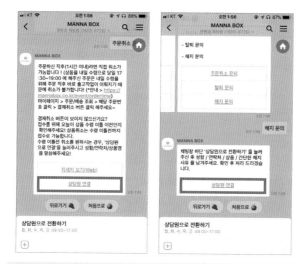

[상담사가 반드시 접수해야 하는 내용인 경우 '상담원 연결'을 안내하는 게 좋다]

1.3 네이버 톡톡

네이버 톡톡은 네이버 블로그, 네이버 모두, 네이버 스마트스토어 등에 붙일 수 있습니다. 따라서 스마트스토어를 운영하는 쇼핑몰뿐만 아니라 IT 기업, 자동차 업체, 교통, 항공, 금융 등 다양한 업체들이 블로그를 운영하면서 챗봇을 도입할 수 있습니다. 네이버 톡톡은 카카오톡, 페이스북, 구글 어시스턴트와 달리 웹 링크를 기반으로 하고 있기 때문에 타 플랫폼과의 차이점이 있습니다. 단점으로는 별도의 앱 내에서 실행하는 것이 아니기 때문에, 챗봇에서 웹을 연결하여 특정 정보를 입력하는 등의 연결성은 떨어집니다. 반면 장점으로는 웹을 기반으로 하기 때문에 로그인만 하면 PC 웹에 연결하여 빠르게 응대할 수 있다는 점입니다. 타 플랫폼과 동일하게 로그인을 기반으로 답변하기 때문에 사용자에게 연결성 있게 답변할 수 있습니다.

1.3.1 > 톡톡 계정 생성하기

[톡톡 파트너센터[11]]

네이버 톡톡을 만들려면 톡톡 파트너센터에 접속하여 네이버 톡톡을 생성해야 합니다. [시작하기]를 누릅니다.

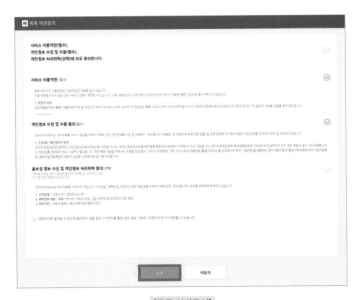

[톡톡 약관동의]

'톡톡 약관동의'라고 해서 이용약관에 동의하면 톡톡을 만들 수 있는 '내 계정' 목록 창이 뜹니다.

---

11 네이버에서 톡톡 파트너센터를 검색하면 된다. https://partner.talk.naver.com/

[내 계정 화면]

여기서 '새로운 톡톡 계정 만들기'를 눌러서 톡톡 계정을 만들어 줘야 합니다.

[별도의 창이 뜬다]

'톡톡 계정 만들기'라는 별도의 창이 뜨며, 스마트스토어(쇼핑윈도), 네이버쇼핑(CPC, CPS), 네이버페이, 네이버예약, 스마트플레이스, 모두, 스페이스클라우드, 부동산, 고시원, 그라폴리오와 톡톡을 연동할 수 있습니다. 블로그와 연결할 경우에는 제일 하단에 [서비스 연결 나중에 하기] 버튼을 눌러주면 됩니다.

[대표 이미지, 프로필명, 소개말, 홈페이지, 휴대폰 번호, 대표 전화번호, 주소를 기재해야 한다]

[서비스 연결 나중에 하기]를 누르면 개인, 국내 법인, 해외 법인, 기관/단체 중에서 선택할 수 있습니다. 개인의 경우는 대표 이미지와 프로필명, 휴대폰 번호를 필수로 입력해야 하며, 법인이나 기관은 증명할 수 있는 사업자등록증이나 고유번호증을 첨부파일로 올려야 합니다. 물론 기업의 경우도 대표 이미지와 프로필명, 휴대전화 번호를 입력해야 합니다. 입력이 끝나면 [사용신청]을 누르면 되며, 근무일 기준으로 빠르면 당일에 승인되고, 문제가 없으면 늦어도 다음날 승인됩니다.

[톡톡이 생성된 관리자 화면]

네이버 톡톡이 생성되고 나면 관리자 페이지에 접속할 수 있습니다. 이는 카카오톡 채널 관리자 페이지와 유사한 방식으로 구성되어 있습니다. 여기서 챗봇은 왼쪽 위에서 4번째에 있는 [챗봇 설정 관리]에서 만들 수 있습니다.

[챗봇 설정 관리에서 챗봇을 만들 수 있다]

챗봇 설정 관리에는 2가지 카테고리가 있는데, '쇼핑 챗봇 설정'과 '커스텀 챗봇 에디터'입니다. 쇼핑 챗봇 설정은 스마트스토어가 있어야만 연결이 가능하므로, 테스트로 만들어 볼 때는 커스텀 챗봇 에디터를 통해 간단하게 만들어 보면 됩니다.

[네이버 톡톡 개발자 도구]

커스텀 챗봇 에디터는 한정된 기능으로 간단하고 쉽게 챗봇을 만들 수 있는 툴이므로, 왼쪽 하단에 [개발자 도구] – [챗봇 API 설정]으로 연동 신청을 하여 챗봇을 개발할 수도 있습니다.

1.3.2 > 메시지 전송 타입

❶ 텍스트 메시지

[텍스트 메시지]

텍스트 메시지는 대제목, 소제목, 최대 3개의 버튼을 추가할 수 있습니다. 대제목은 200자까지, 소제목은 최대 640자까지 쓸 수 있으며 오른쪽에 [+] 버튼이 있어서 슬라이드로 확장할 수 있습니다.

❷ 이미지 메시지

[이미지 메시지]

이미지 메시지는 버튼 추가가 안 되는 구조로 되어 있으며, 이미지만 넣을 수 있습니다. 오른쪽에 [+] 버튼이 없기 때문에 슬라이드로 확장할 수 없는 구조로, 단일 이미지 메시지만 보낼 수 있습니다.

❸ 이미지 + 텍스트 메시지

[이미지 + 텍스트 메시지]

이미지와 텍스트 메시지가 결합한 형태로 텍스트는 텍스트형과 동일하게 대제목 200글자, 소제목

640자까지 넣을 수 있습니다. 오른쪽에 [+] 버튼이 있어서 슬라이드로 확장할 수 있습니다. 큰 이미지를 활용하여 옆으로 넘겨서 다양한 상품을 소개하는 경우에 많이 쓰이는 템플릿입니다.

❹ 리스트 메시지

[리스트 메시지]

리스트 메시지는 정보를 리스트 형태로 나열하여 보여 줍니다. 제목, 상세설명1, 상세설명2, 버튼을 넣을 수 있으며, 작은 이미지도 함께 보여 줍니다. 리스트 메시지라서 2개 이상 넣어야 할 것 같지만, 1개만 넣어도 답변이 나갑니다.

[리스트 메시지는 최대 3개의 내용을 넣을 수 있다]

최대 3개까지 리스트를 추가할 수 있다고 쓰여 있으나, 현재 나와 있는 것을 포함하여 3개이기 때문에 최대 3개의 제품이나 뉴스 등을 소개할 수 있습니다.

❺ 이미지 + 리스트 메시지

[이미지 + 리스트 메시지]

이미지 + 리스트 메시지는 상단에 이미지를 넣고, 하단에 리스트 내용을 넣을 수 있습니다. 이미지 란에는 헤드라인이 되는 내용을 넣으면 적절합니다.

❻ 이미지 + 리스트 + 텍스트 메시지

[이미지 + 리스트 + 텍스트 메시지]

하나의 템플릿 안에 모든 내용이 다 들어 있습니다. 많은 설명이 필요할 때 사용할 수 있습니다.

❼ 리스트 + 텍스트 메시지

[리스트 + 텍스트 메시지]

리스트가 먼저 나오고, 하단에 텍스트 메시지를 입력할 수 있습니다. 텍스트 메시지에는 리스트에 대한 설명을 추가하면 좋습니다.

1.3.3 > 바로가기 메뉴

[바로가기 메뉴]

바로가기 메뉴란 하단에 고정된 버튼을 누르면 버튼이 나열된 메뉴가 나오는 기능을 뜻합니다. 페이스북의 '고정 메뉴'와 유사합니다.

[바로가기 메뉴는 최대 3단계의 하위 메뉴로 구성되어 있다]

페이스북과 동일하게 최대 3단계의 하위 메뉴로 구성되어 있지만, 하위 메뉴의 구성은 최대 4개까지 가능하므로 최대 64개의 메뉴를 넣을 수 있습니다.

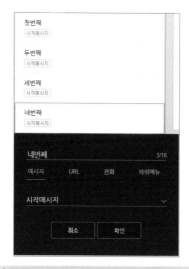

[메뉴를 누르면 이미지와 같은 액션을 취할 수 있다]

메뉴를 누르면 메시지, URL, 전화, 하위 메뉴로 세부 설정을 할 수 있습니다. 메시지는 앞서 보여주었던 특정 템플릿의 답변을 나가게 할 수 있습니다. URL은 특정 URL로 보낼 수 있고, 전화는 전화번호를 적어 두고 버튼을 누르면 전화를 할 수 있습니다. 하위 메뉴는 하위 메뉴를 확장할 수 있는 기능으로, 최하위 메뉴에서는 활성화되지 않습니다.

지금까지는 플랫폼별로 챗봇이 보이는 형태를 소개하였다면, 여기에서는 각 플랫폼에서 공통으로 보이는 답변 형태를 간략하게 정리하겠습니다. 하나의 엔진으로 여러 플랫폼의 챗봇 인터페이스를 유사하게 개발하는 데 참고하면 좋습니다.

2.1 알림(Push)

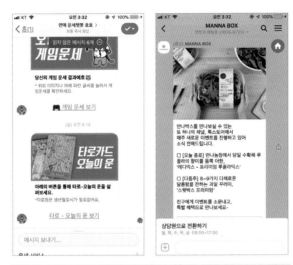

[각 플랫폼에서 사용자가 말하지 않아도 먼저 메시지를 보내는 것을 말한다]

메신저의 푸시 기능입니다. 메신저의 사용자를 확보하고 있는 상황에 따라서 가격 정책에 차이가 있습니다. 거의 모든 사용자를 확보하고 있는 카카오톡은 정보성 메시지와 광고 메시지가 차등적인 유료, 페이스북은 광고 메시지만 유료, 네이버 톡톡은 무료입니다.

❶ 페이스북: 무료 메시지와 유료 메시지로 구분되며, 무료 메시지는 주로 개발자가 세팅하여 발송합니다. 결제 시 메시지, 배송 출발 시 메시지 등으로 사용되는 것은 무료로 발송하고, 유료로 발송하는 경우는 페이스북 광고 영역에서 발송할 수 있습니다.

❷ 카카오톡: 알림톡은 정보성 메시지로 사용되며, 카카오톡 채널 메시지는 광고성 메시지로 사용됩니다. 이때 알림톡은 챗봇을 이용한 사람이 아니라 핸드폰 번호를 기반으로 발송되기 때문에 챗봇을 이용하지 않은 사람을 대상으로도 발송할 수 있습니다. 카카오에서는 구독하기 기능을 플러그인으로 추가할 계획이 있다고 하는데, 카카오 내부 서비스나 자회사, 몇몇 제휴사는 사용하고 있는 등 기능은 개발하였으나 아직 일반에 오픈하지는 않았습니다.

❸ **네이버 톡톡:** 관리자 페이지의 [마케팅 관리] – [단체 메시지]에서 보낼 수 있으며, 메시지를 보내는 데는 무료입니다. 단체 메시지는 톡톡친구를 맺은 사람에게만 보낼 수 있는 기능으로, 보내고 난 뒤 '단체 메시지 목록'에서 전송 결과를 확인할 수 있습니다.

❹ **구글 어시스턴트:** 역시 푸시 알림을 줄 수 있으며, 사용자에게 알림을 받을 것인지 묻는 절차를 반드시 거쳐야 합니다.

2.2 텍스트 답변

[텍스트 답변]

기본적인 답변이라 크게 부연 설명할 것은 없으나, 메신저 회사별로 하나의 질문에 대해 1개의 답변을 할 수 있는지, 3개의 답변을 할 수 있는지, 제한 없이 여러 개의 답변을 할 수 있는지 등의 차이가 있습니다. 답변을 여러 개로 나눠서 보내면 가독성이 달라질 수 있습니다.

❶ **페이스북:** 제한 없이 여러 개의 답변을 보낼 수 있습니다.

❷ **카카오톡:** 최대 3개의 답변을 보낼 수 있습니다.

❸ **네이버 톡톡:** 최대 1개의 답변을 보낼 수 있으며, 1만 자의 글자를 넣을 수 있습니다.

❹ **구글 어시스턴트:** 최대 10개의 답변을 보낼 수 있습니다.

2.3 슬라이드 답변

[옆으로 넘겨서 볼 수 있다]

옆으로 넘겨서 볼 수 있는 답변을 말하며, 플랫폼 기업별로 부르는 호칭이 다릅니다.

❶ 페이스북: 슬라이드 템플릿

❷ 카카오톡: 케로셀형

❸ 네이버 톡톡: 슬라이드 형태

❹ 구글 어시스턴트: 브라우즈 케로셀 카드(Browse Carousel Card)

❺ 라인: 케로셀 템플릿(Carousel Template)

2.4 리스트 답변

[채팅창 안에 한눈에 나열된다]

뉴스나 상품을 나열해서 보여 주기 좋은 리스트 답변이며, 업체들이 부르는 호칭은 대부분 동일합니다.

❶ **페이스북:** 리스트 템플릿

❷ **카카오톡:** 리스트형

❸ **네이버 톡톡:** 리스트

❹ **구글 어시스턴트:** 리스트(List)

❺ **라인:** 플렉스 메시지(Flex Messages)

2.5 빠른 버튼

[웹으로 못 가고 반드시 답변이 나오는 버튼이다]

바로 답변하는 버튼입니다. 버튼을 누르고 나면 버튼이 사라지는 일회성이며, 다음 답변이 나오게 하는 데 쓰입니다. 슬라이드 답변처럼 옆으로 넘겨서 버튼을 선택할 수 있습니다.

❶ **페이스북:** 빠른 답장(Quick Replies)

❷ **카카오톡:** 바로 연결 응답

❸ **네이버 톡톡:** 퀵 버튼

❹ **구글 어시스턴트:** 추천 칩스(Suggestion Chips)

❺ **라인:** 빠른 버튼(Quick Replies)

03   기획 가이드

챗봇 개발은 크게 2가지로 나뉩니다. 버튼을 눌러서 원하는 답을 찾아가는 과정인 시나리오 개발과, 타이핑하여 답을 찾는 머신러닝 영역의 개발이 있습니다. 타이핑하여 답을 찾는 것에도 여러 단계로 나뉘긴 하지만, 챗봇 도입을 위해 제일 먼저 필요한 챗봇 시나리오의 기획을 배워 보도록 합니다.

버튼을 눌러서 답을 찾아가는 과정의 시나리오 챗봇을 만드는 이유는 사용자가 무엇을 질문해야 할지 모르는 경우에 질문과 답변에 대한 가이드를 제시해야 하기 때문입니다. 사람과의 대화에서도 대화 전체의 문맥을 파악하여 이해해야 하고, 문장 단위로 끊어지면 제대로 이해하지 못하는 경우가 있습니다. 따라서 질문에 대해 여러 가지 답변과 재질문 가이드를 제공하여 잘 나열해서 보여 주는 것이 중요합니다.

3.1   기획서 제작을 위한 툴 – draw.io

기획서 제작은 시나리오를 만드는 것이고, 이에 있어서 반드시 질문/답변의 시나리오 흐름(이하 플로우)을 기획해야 합니다. 이때 보통은 그림을 그려서 제작하게 됩니다. 일반적으로 앱 개발을 위한 기획서의 경우 파워포인트를 이용해서 ppt 파일로 제작하지만, 챗봇 기획서는 페이지를 넘기면서 제작하면 흐름을 파악하기 매우 어렵다는 단점을 가지고 있습니다. 하나의 슬라이드 템플릿 안에서도 여러 버튼이 삽입되고, 그 버튼이 하나의 방향으로 흘렀다가 다시 되돌아오는 경우도 있기 때문입니다. 물론 보고를 위해서 ppt로 제작하게 되는 경우도 있습니다. 저는 draw.io의 사이트를 활용하여 기획서를 그리고 있으나, 각자 편한 툴을 이용하여 기획서를 작성하면 됩니다. 손으로 그림을 그리면서 기획하는 것도 충분히 가능하니 일단 편한 대로 시도해 보는 것이 좋습니다. 그럼 지금까지 알려드렸던 템플릿과 챗봇 화면을 이용하여 챗봇을 기획해 보겠습니다.

[먼저 파일을 어디에 저장할지 정한다]

처음 접속하면 어디에 파일을 저장할 것인지 나오는데, Device, 즉 컴퓨터에 저장하는 것으로 선택합니다. 그다음으로는 다이어그램을 새로 만들 것인지, 기존에 만들어 놓은 다이어그램을 불러올 것인지 선택할 수 있습니다.

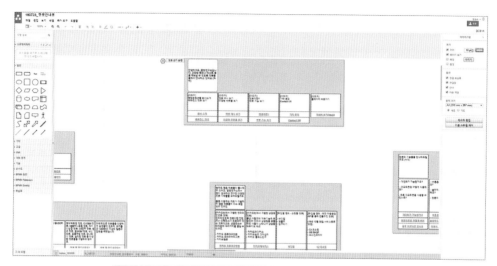

[draw.io 화면 구성 – 화면을 그릴 수 있는 하나의 장표로 구성되어 있다]

저장 위치를 선택하고 나면 위와 같이 구성된 화면이 나옵니다.

[오른쪽 위에 지구본이 있다]

오른쪽 위에 지구본을 누르면 언어를 선택할 수 있습니다. 한국어도 지원하고 있으니 선택하여 제공 언어를 변경하면 됩니다.

[왼쪽에는 도형을 선택하여 화면에 넣을 수 있다]

왼쪽에는 여러 가지 도형이 있고, 도형을 선택하면 화면에 넣을 수 있습니다. 여기서 직사각형이나 마름모를 넣거나 선을 그을 수 있습니다.

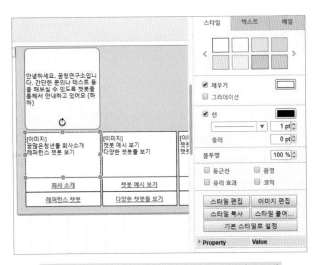

[박스를 선택하면 오른쪽에 보조 창(스타일/텍스트/배열)이 뜬다]

각각의 답변은 템플릿을 다르게 사용하므로 박스 스타일을 다르게 표현해야 할 때가 있는데, 이 스타일은 오른쪽의 보조 창에서 바꾸면 됩니다.

[직각으로 된 선을 그리려면 박스를 선택하면 된다]

기획서를 제작하다 보면 플로우를 표시하기 위해 직각으로 된 선을 긋는 경우가 굉장히 많이 필요한데, 왼쪽에서 따로 도형을 선택할 필요없이 박스를 선택하면 자동으로 선을 그을 수 있는 버튼이 나타납니다. 이 버튼을 선택하여 선을 설정할 수 있습니다.

[여러 가지 파일에 대한 설정을 할 수 있다]

위 이미지에 '모든 변경내용 저장 완료'라고 쓰여 있는 것을 볼 수 있는데, 수정할 때마다 실시간으로 내용이 저장되므로 인터넷이 연결만 되어 있으면 계속해서 수정할 수 있습니다. 다만, 가끔 버그로 저장이 안 되는 경우가 있으므로 종료할 때는 Ctrl + S를 눌러서 저장하는 것이 안전합니다. 기획이 끝나면 개발자나 다른 사람들과 화면을 보면서 소통해야 하는 경우가 자주 발생합니다. draw.io 화면을 띄워 놓고 회의를 하여도 무방하나, [다른 파일 형식으로 내보내기]를 눌러서 JPEG나 SVG 파일로 다운로드받아서 이메일로 보내거나 열어 볼 수 있습니다. JPEG 파일은 확대해서 보면 되고, SVG 파일은 구글 크롬 창에 드래그 앤 드롭하면 쉽게 볼 수 있습니다. 특히 SVG 파일은 글자 복사가 되기 때문에 봇빌더에 옮겨 넣을 때 매우 편리합니다.

3.2 챗봇 기획 시작하기

앱이나 웹을 만들 때 기획을 먼저 시작하듯이, 챗봇 또한 챗봇을 만들 때 챗봇 기획을 먼저 하게 됩니다. 챗봇 기획에는 크게 2가지 영역이 있는데, 하나는 Q&A 데이터 정리와 다른 하나는 버튼을 누를 때 답변하는 시나리오 기획입니다. 그중 제일 먼저 설정해야 하는 것으로 웰컴 메시지와 폴백 메시지가 있습니다.

3.2.1 > 웰컴 메시지

웰컴 메시지는 사용자가 처음 챗봇에 들어왔을 때 말하는 내용을 말합니다. 하나의 동일한 답변으로 구성하여 만들게 되며, 기본적인 챗봇 사용법이나 간단한 규칙 및 안내로 구성합니다. 너무 긴 텍스트로 구성할 수 없기 때문에 하나의 단일 플로우로 여러 안내 사항을 넣기도 하고, 빠른 버튼을 설정하여 사용자가 무엇을 질문해야 할지 모를 때를 대비한 예상 질문을 넣어 주기도 합니다.

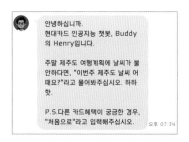

[현대카드 사례 – 웰컴 메시지는 초기 간단한 안내를 한다]

3.2.2 > 폴백 메시지

폴백 메시지[12]는 '죄송합니다. 제가 잘 이해하지 못했습니다'처럼 미리 설정해 놓은 예상 질문과 매칭된 답변을 찾지 못했을 때 내보내는 답변입니다. 준비된 키워드와 매칭된 답변을 찾는 구조에서 키워드와 매칭되지 않은 모든 답변은 이 메시지로 처리하게 됩니다. 폴백 메시지는 자연스럽고 앵무새 같은 답변을 피하고자 하나의 동일한 답변보다는 다양한 답변을 준비합니다. '죄송합니다. 잘 이해하지 못했습니다', '잘 이해하지 못했으니 다른 표현으로 이야기해 주시겠어요?', '제가 잘 이해하지 못한 것 같아요. 다시 말씀해 주세요' 등 획일화되지 않게 준비하는 게 좋습니다.

---

12 일부 봇빌더(챗퓨얼)의 경우 '디폴트 메시지'라는 명칭을 사용하고 있다.

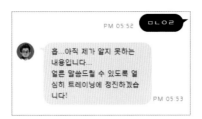

[폴백 메시지]

폴백 메시지는 텍스트 답변으로만 끝내지 말고, 빠른 버튼을 설정하여 사용자에게 다음으로 어떤 질문을 해야 할지 안내해 주는 것이 좋습니다. 순수 텍스트 질문과 답변으로만 구성하면, 폴백 메시지 이후에 사용자가 어떠한 질문을 해야 할지 말문이 막힐 수 있습니다.

3.3 챗봇 초기 내용 설정하기

웰컴 메시지는 처음 들어온 사용자에게 안내하는 메세지지만, 챗봇 초기 내용은 이미 사용하고 있는 사용자를 대상으로 안내하는 내용입니다. 초기 내용은 웰컴 메시지와 거의 유사한 버튼을 설정하게 되나, 안내 사항은 다르게 만드는 게 좋습니다.

[안녕하세요 멘트를 제외한 이미지]

위의 두 이미지는 언뜻 보면 비슷해 보이지만 웰컴 메시지와 초기 내용은 엄연히 다른 내용으로 구성하게 됩니다. 초기 내용은 대분류에 해당하는 유형으로 나눕니다. 쇼핑몰이라면 구매 관련 정보, 배송 관련 정보, 주문 취소, 교환, 반품, 배송 문의 정도가 될 것입니다.

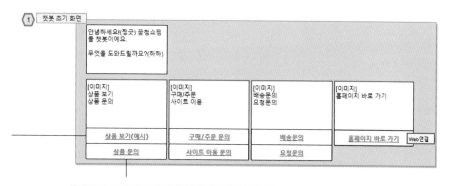

[쇼핑몰 기획서 예시 – 이미지도 텍스트로 이름을 지정하거나, 텍스트를 기록해 둔다]

초기 답변에 대한 블록 이름은 '챗봇 초기 화면'으로 설정하였습니다. 답변은 총 2개로 구성되어 있습니다. '안녕하세요. 꿈청쇼핑몰 챗봇이에요'가 첫 번째 답변, 슬라이드로 된 이미지가 두 번째 답변입니다. 이렇게 2개의 답변이 하나의 묶음인 것을 개발자와 소통할 때 헷갈리지 않게 하기 위하여 초록색 박스로 묶어 놓았습니다.

슬라이드로 이미지를 4장 보여 주며, 이미지마다 1~2개의 버튼을 설정할 계획으로 초기 화면을 구성한 예시입니다. 이미지당 1개의 답변을 설정할 경우, 끝까지 슬라이드로 넘기려면 무려 6번을 넘겨야 하기에 각 이미지당 2개의 답변을 설정한 것입니다. 1개의 이미지당 최대 3개까지 버튼을 설정하는 것도 가능하나, 가독성이 떨어질 우려가 있습니다. 초기 카테고리가 몇 개까지 분류되는지를 파악하여 적절한 슬라이드 개수를 정하는 게 좋습니다.

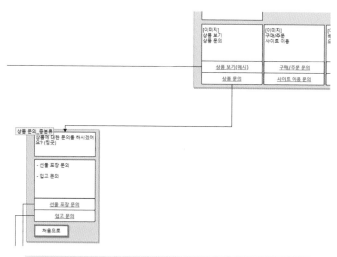

[쇼핑몰 기획서 예시 – '상품 문의'를 누르면 나오는 답변에 대한 플로우이다]

[상품 문의]를 누르면 '상품 문의_중분류'라는 블록의 답변이 나가게끔 되어 있습니다. 사용자가 타이핑하여 '상품 문의'나 '상품에 대해 문의사항이 있어요' 등의 질문을 하여도 해당 블록의 답변이 나갑니다. '상품에 대한 문의를 하시겠어요?'와 텍스트 답변에 버튼을 넣은 [선물 포장 문의]와 [입고 문의], 하단에 바로 연결 버튼인 '처음으로'까지, 한 번에 답변을 내보내야 함을 표현하기 위해 이 역시 초록색 박스로 묶었습니다.

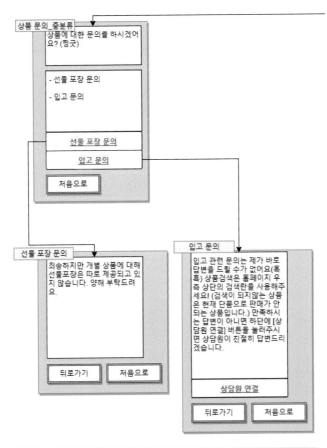

[쇼핑몰 기획서 예시 – '선물 포장 문의', '입고 문의'를 누르면 나오는 플로우이다]

상품 문의까지가 중분류의 카테고리였다면, '선물 포장 문의'와 '입고 문의'는 최종적으로 사용자가 원하는 상세 분류 답변에 해당합니다.

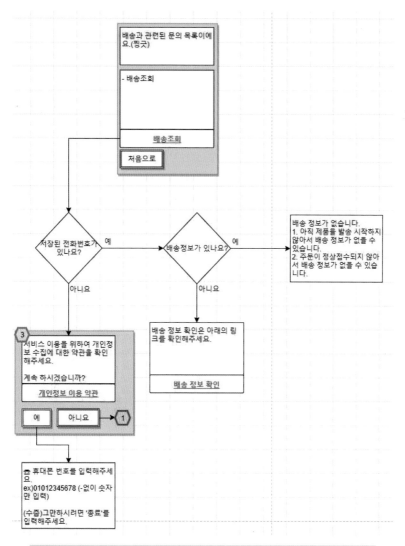

[쇼핑몰 기획서 예시 – 개인 인증을 위해서는 위와 같이 판단을 위한 마름모꼴 도형을 넣는다]

사용자가 필요한 정보를 얻기 위해 개인정보를 제공하거나 개인 인증을 해야 할 때도 있습니다. 이때, 처음에 들어가자마자 전화번호를 물어보는 것은 좋지 않습니다. 사용자가 정보가 필요하여 눌렀는데, 그 정보를 얻기 위해 전화번호가 필요하다면 이때 묻는 것이 좋습니다. 따라서 일반적인 질문에는 바로 답변을 해 주고, 회원 정보를 필요로 하는 배송 조회, 주문 조회, 정보 변경 등에서 전화번호를 물어보는 것이 이상적입니다. 이와 같이 개인 인증이 필요한지 판단이 필요한 부분은 마름모꼴 도형으로 표시해 둡니다.

4.1 사용자의 유입

메신저 플랫폼별로 사용자를 유입하기 위한 여러 가지 도구와 방법들이 있습니다. 챗봇을 잘 만드는 것도 중요하지만, 챗봇을 만들었다고 자연스럽게 사용자가 유입되는 것은 아니기에, 적극적으로 안내나 홍보를 하여야만 합니다. 페이스북은 마케팅 용도로 많이 사용되므로 페이스북에 별도로 광고를 하는 게 좋습니다. 페이스북은 사용자의 반응을 끌어내기가 좋고, 페이스북 챗봇 사용 유도를 위한 광고 솔루션도 갖추고 있어서 사용자 유입이 원활합니다.

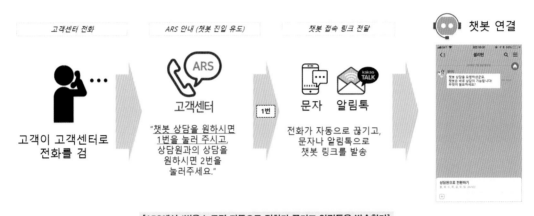

[ARS에서 1번을 누르면 자동으로 전화가 끊기고 알림톡을 발송한다]

카카오톡은 고객 상담용으로 사용되는 경우가 많아서 별도로 광고를 집행하는 경우가 많지 않았습니다. 다만, 고객센터로 전화를 하면 ARS로 1번은 챗봇 상담이 가능하다고 안내하고, 2번은 상담원 상담을 안내합니다. 이때 1번을 누르면 전화는 자동으로 종료되고, 알림톡으로 메시지를 보내줌으로써 바로 챗봇을 사용하도록 유도할 수 있습니다. 알뜰폰 상담을 위해 CJ 헬로로 전화를 하거나, 귀뚜라미, 대성쎌틱에너시스로 전화를 하면 이러한 기능을 도입한 것을 확인할 수 있습니다.

4.2 챗봇의 업그레이드

챗봇을 만들어 놨다고 해서 스스로 학습하고 똑똑해지는 것은 아니며, 사용자가 많이 들어온다고 똑똑해지지도 않습니다. 챗봇이 스스로 학습하는 방식은 학습한 내용이 오히려 잘못된 답변을 초래할 수 있으며, 사용자의 질문에 대한 답변을 인공지능이 매칭하면 자칫 부정확한 내용이 매칭될 수도 있습니다. 따라서 이러한 방식보다는 사용자의 질문에 대한 답변 매칭은 정확하게 사람이 하고, 이를 기반으로 유사한 형태의 질문에 대해서 답변을 내보내는 것은 인공지능이 해결하도록 해야 합니다.

챗봇의 구현은 단계별 개발 방식을 많이 따르므로, 어떻게 업그레이드를 해나갈지 계획하는 것도 중요합니다. 챗봇을 런칭하면 아래와 같은 개발 단계를 따르기도 하며, 지속적인 관리가 필요합니다.

1단계	FAQ 형태의 자주 하는 질문과 답변에 대해서는 챗봇으로 구현합니다.
2단계	시스템 연동 형태로 배송 조회, AS 조회 및 접수, 계약 조회 및 계약 접수 등 기존 시스템과 연결하여 바로 확인 및 수정, 접수가 가능하도록 구현합니다.
3단계	채널을 확장하거나 음성 스피커와 연동하는 등 다양한 채널을 통해서 고객과 접할 수 있도록 합니다. 결제 시스템과 연동하여 결제가 가능하도록 하는 것도 하나의 방법입니다.

관리에는 아래와 같은 사항이 필요합니다.

1단계	폴백 메시지가 쌓이면 이에 대해 지속적인 업데이트 및 사용자의 니즈 파악
2단계	연동의 처리율 파악 및 추가적인 니즈 파악
3단계	채널별 유입률 확인 및 연동률, 결제율 파악

이후 지속해서 통계 데이터를 확인하며, 업데이트해야 할 사항을 파악하면 좋습니다.

챗봇의 제작
- 봇빌더

봇빌더는 봇을 만들기 위한 빌더입니다. 답변별로 모두 코딩하여 개발하던 때도 있었으나, 현재는 봇빌더를 이용하여 개발하는 것이 훨씬 편리합니다. 봇빌더에서 제공하는 기능도 많고 처음 접하는 분들은 생소할 수 있기 때문에 구성과 기능을 파악해 두는 것이 좋습니다. 처음 만들어 보는 사용자도 따라하면서 간단한 봇을 만들어 볼 수 있도록 내용을 소개해 보겠습니다.

챗봇을 사용하는 사용자라면 크게 상관없겠지만, 기획하고 개발하는 제작자의 입장에서는 봇빌더별
로 기능은 같으나 명칭이 다르면 헷갈릴 수 있습니다. 따라서 이에 대해 정리하였으니 참고하시기
바랍니다.

1.1 웰컴 메시지

빌더에는 처음 들어온 사용자에게 답변하기 위해 만들어진 웰컴 메시지가 있습니다.

봇빌더	웰컴 메시지에 대한 명칭
카카오 i 오픈빌더	웰컴 블록
네이버 클라우드 플랫폼	웰컴 메시지
챗퓨얼	Welcome Message
구글 다이얼로그플로우	Default Welcome Intent
빅스비	없음
RCS	Welcome(환영인사)

1.2 폴백 메시지

빌더에는 사용자의 발화에 답변하지 못하였을 때, 동일하게 내보내는 폴백 메시지를 설정하게 되어
있습니다. 흔히들 얘기하는 '죄송합니다. 잘 이해하지 못하였습니다'와 같은 문구가 나가며, 다양한
답변을 넣어 놓는 것이 좋습니다.

봇빌더	폴백 메시지에 대한 명칭
카카오 i 오픈빌더	폴백 블록
네이버 클라우드 플랫폼	실패 메시지
챗퓨얼	Default Answer
구글 다이얼로그플로우	Default Fallback Intent
빅스비	No Result
RCS	FallBack(이해하지 못했을 때)

1.3 　인텐트(Intent)

발화 의도에 대해서 매칭된 답변이나 행동을 말합니다. 봇빌더마다 약간씩 차이가 있는데 RCS의 경우는 Intent와 Actions로 분류되어 있습니다. Intent에 발화를 넣고, Actions에 해당 Intent 를 넣어 주는 방식으로 되어 있습니다.

봇빌더	인텐트에 대한 명칭
카카오 i 오픈빌더	블록(시나리오는 블록의 그룹임)
네이버 클라우드 플랫폼	시나리오
챗퓨얼	Block
구글 다이얼로그플로우	Intents
빅스비	Action
RCS	Intent와 Actions

1.4 　엔티티(Entities)

동의어 등을 묶어 주기 위해 엔티티를 설정해야 하며, 챗퓨얼의 경우는 자연어 처리를 하지 않기에 별도로 제공하고 있지 않습니다.

봇빌더	엔티티에 대한 명칭
카카오 i 오픈빌더	엔티티
네이버 클라우드 플랫폼	엔티티
챗퓨얼	없음(자연어 처리를 하지 않기에 없음)
구글 다이얼로그플로우	Entities
빅스비	Vocab
RCS	Entities

1.5 　폴백 메시지의 대화 내용

폴백 메시지의 대화 내용은 사용자와 봇과의 대화 중에서 매칭되지 않은 답변을 확인할 수 있는 것을 말합니다. 더욱 똑똑한 봇을 만들기 위해서는 폴백 메시지를 꾸준히 업데이트하여 폴백 메시지를 쌓아 놓고 볼 수 있는 기능이 있어야 합니다. 없는 경우에는 서버에서 대화 내용을 저장할 수 있으므로, 별도로 관리자 페이지를 개발하여 폴백 메시지를 관리할 수도 있습니다.

봇빌더	대화 내용에 대한 명칭
카카오 i 오픈빌더	학습
네이버 클라우드 플랫폼	대화 기록
챗퓨얼	없음
구글 다이얼로그플로우	Training, History
빅스비	없음
RCS	없음

02 카카오 i 오픈빌더(kakao i open builder)[13]

[카카오 i 오픈빌더 페이지]

카카오 i 오픈빌더는 카카오에서 만든 챗봇 빌더입니다. 카카오톡 채널하고만 연결할 수 있고 타 플랫폼 메신저 서비스까지 연동되는 형태는 아닙니다. 다만, 카카오톡 채널 외에 '카카오 미니'의 스피커 음성봇과는 연계하여 설계할 수 있도록 지원하고 있습니다. 카카오 미니의 경우 누구나 연동하여 개발할 수 있는 것은 아니고, 카카오의 제휴나 심사 등을 통해야 합니다. 로그인을 누르면, 카카오톡 계정으로 로그인을 할 수 있으며, 계정이 없다면 로그인 화면에서 회원가입을 눌러서 계정을 생성하면 됩니다.

---

13 카카오 i 오픈빌더 : http://i.kakao.com/

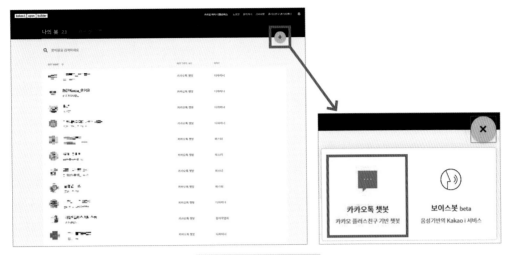

[카카오 로그인 후 봇 목록 화면]

로그인 후 봇 목록 화면에서 오른쪽 위의 [+] 버튼을 누르면 봇을 만들 수 있습니다. [+] 버튼을 눌러서 [카카오톡 챗봇]을 선택합니다.

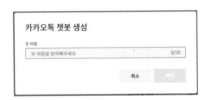

[카카오톡 챗봇 이름 정하기]

봇 이름은 추후에 변경할 수 있으므로, 처음부터 신중하게 결정하지 않아도 됩니다. 통상 뒤에 '테스트'를 붙여서 만들고, 런칭하면 그때 '테스트'라는 이름을 제거합니다.

새로 테스트 계정을 만들고 나면 [카카오톡 채널 계정을 연결]을 합니다. 현재 운영 중인 카카오톡 채널에 바로 봇을 적용하면, 현재 고객에게 답변의 오류나 테스트되는 내용들이 고스란히 노출되기 때문에, '서비스명_테스트'처럼 테스트 계정을 만들어서 연결해야 합니다. 따라서 카카오톡 채널 임시 계정을 생성하여 챗봇을 개발 및 테스트하고, 모든 개발이 완료되었다고 판단될 때 본 계정에 연결하는 게 좋습니다.

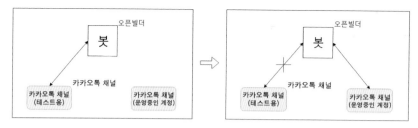

[봇 연결 구조도]

업데이트 후에는 완전히 새로운 형태로 만들지 않는 이상 기존 봇 위에서 업데이트 및 수정을 하는데, 챗봇의 시나리오를 바꾸지는 않고 대부분 질문에 대한 업데이트 및 답변의 추가와 수정을 합니다. 이때 실시간으로 수정할 수 없기 때문에 '배포'를 활용하여 기존의 봇과 업데이트된 봇을 관리합니다.

봇은 1개만 만들어서 운영할 수도 있고 여러 개를 만들 수도 있는데, 봇은 복사가 되지 않기 때문에 통상 여러 개를 만들어서 운영하지는 않습니다. 그럴 경우, 현재의 구조로는 창을 두 개 띄워서 하나하나 옮기는 방법밖에 없습니다.

[오픈빌더 봇 화면]

방금 만든 챗봇 안으로 들어오면, 위와 같은 이미지가 나옵니다.

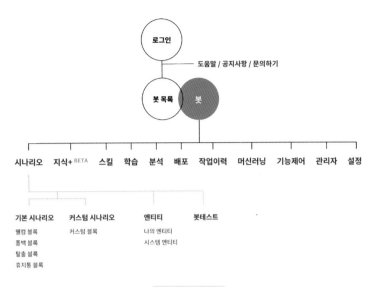

[오픈빌더 구성도]

전체 구성은 위와 같습니다

2.1 시나리오

블록은 기본적인 봇과의 대화 단위를 말하며, 이러한 블록을 한데 묶은 그룹을 카카오에서는 '시나리오'라는 명칭으로 정의합니다. 시나리오는 그룹을 의미하기 때문에 챗봇 시나리오의 대분류나 중분류 단위로 나눠서 관리하는 게 편리합니다.

[오픈빌더 주제별 시나리오]

앞의 이미지처럼 '챗봇 초기 화면', '구매문의', '제품문의', '사용문의' 등으로 카테고리를 나눠서 관리하면 좋습니다. 카테고리를 나누는 것에 관해서는 기업별, 서비스별로 다르므로 참고만 하도록 합니다.

2.1.1 › 기본 시나리오

[기본 시나리오에는 고정으로 3가지 블록이 있다]

'기본 시나리오'에서는 기본적으로 있어야만 하는 블록을 설정합니다. 블록은 여러 개의 질문이나 명령과 매칭되는 하나의 답변 뭉치를 말합니다. 사용자의 말로부터 의도를 파악하여 봇이 어떠한 액션을 수행하거나 응답할지 그 내용을 정의하는 것입니다. 예를 들어 '오늘 날씨 어때?', '오늘 날씨 맑아?'처럼 여러 개의 질문이 들어가고, 그에 매칭되도록 한 번 송출되는 답변을 블록에 입력하게 됩니다. 또는, '거실 불 켜줘'라고 카카오 미니 스피커에 말을 하면, 거실 불을 켜주는 액션을 수행하게끔 해당 블록에서 정의합니다.

❶ **웰컴 블록(Welcome Block):** '웰컴 블록'은 봇에 최초로 1회 들어온 사용자에게 인사말 및 안내하는 내용을 설정하는 블록입니다. 카카오 챗봇은 챗봇 대화방을 삭제했다가 다시 들어와도 웰컴 블록이 송출되지 않습니다. 알림톡이나 카카오톡 채널 메시지를 발송하여도 사용자는 챗봇이 있는 줄 모를 수 있기 때문에, 채팅 입력창 위에 있는 봇제네릭 메뉴를 잘 활용하는 게 좋습니다.

❷ **폴백 블록(Fallback Block):** '폴백 블록'은 사용자가 알아들을 수 없는 말을 하거나, 답변이 준비되지 않았을 경우 공통으로 내보내는 내용을 설정하는 블록입니다. '죄송합니다. 제가 잘 못 알아들었습니다'와 같은 내용을 보내는 게 이 블록에서 하는 일입니다. '처음으로 가기'나 '가이드'에 대한 버튼을 설정하여 사용자가 무엇을 질문해야 할지 모르는 상황에 빠지게 해서는 안 됩니다.

❸ **탈출 블록(Escape Block):** '탈출 블록'은 가둬진 상태의 질문과 답변이 오갈 때, 이 상태를 벗어나기 위해 사용되는 사용자의 발화를 설정하는 데 쓰입니다. 가둬진 상태란, 특정 상황에서 반드시 정해진 답변을 해야만 넘어갈 수 있는 상태를 뜻합니다. 가령, 전화번호나 주소를 입력하는 중인 경우에는 반드시 전화번호나 주소를 입력해야 하고, 엉뚱한 말을 하게 되면 반복적으로 다시 입력해 달라는 안내를 합니다. 이때 사용자가 해당 입력을 하지 않고 대화에서 빠져나오기를 원할 때 빠져나올 수 있는 단어를 알려 주고, 탈출 블록에 있는 단어를 사용자가 발화하면 이 상황에서 빠져나올 수 있습니다. 다음의 예시에서는 '종료'라고 타이핑하면 그 대화 안에서 빠져나올 수 있습니다. 카카오 i 오픈빌더 내의 플러그인을 사용하는 것이 아니라면, 굳이 탈출 블록을 설정할 필요는 없습니다.

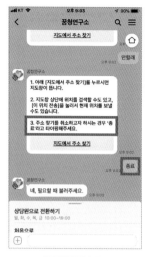

[탈출 블록 예시]

2.1.2 > 시나리오 목록

'시나리오'는 챗봇의 블록 그룹으로, 최대 20개까지 생성할 수 있습니다. 시나리오를 생성하면 자동으로 이름이 정해지며, 이름은 변경할 수 있습니다.

['+새로운 시나리오' 버튼을 누르면 시나리오를 만들 수 있다]

[+새로운 시나리오]를 눌러서 시나리오를 만듭니다.

[여기서 블록을 만들 수 있다]

블록은 각 시나리오 안에 [+블록 추가]라는 버튼을 눌러서 생성할 수 있습니다.

2.1.3 > 시나리오 설정

['시나리오 설정' 버튼은 '새로운 시나리오' 버튼 아래에 있다]

[시나리오 설정] 버튼을 클릭하면 시나리오 공통 설정 화면이 나옵니다.

[시나리오 공통 설정 화면]

❶ **블록 공통 되묻기 질문:** 앞서 설명한 탈출 블록의 경우처럼 사용자가 지도에서 주소 찾기를 실행해야 함에도 불구하고 발화를 되풀이할 때, 3회를 초과하면 해당 블록의 답변을 종료합니다. 되묻기 질문이 유효한 '최대 질문 횟수'나 '최대 응답 시간'을 설정할 수 있습니다. 이 설정된 횟수나 시간을 초과하면 안내 메시지에 입력된 내용을 출력하고 처음으로 돌아가게 됩니다. 탈출 블록에서는 '종료'를 타이핑하면 처음으로 돌아가지만, 위 이미지의 예에서는 엉뚱한 말이 3회를 초과하면 처음으로 돌아가게 됩니다.

❷ **봇 제네릭 메뉴 설정:** 봇 제네릭 메뉴는 자동 응답 API 때 있었던, 아래에서 위로 쓸어 올려서 보는 기본 메뉴를 그대로 따왔습니다. [+ 버튼 추가]를 이용하여 최대 10개까지 설정할 수 있으며, 특정 블록을 실행시키거나 해당 버튼을 발화로 인식하게끔 할 수 있습니다. 자주 하는 질문이나 이벤트 등을 넣어 두면 좋습니다. 해당 카카오톡 채널과의 대화 삭제 후 재진입 시에는 빈 채팅창으로 보이기 때문에, 설정을 해놓는 것이 사용자가 질문을 하는 데 부담되지 않아 좋습니다.

[첫 번째 이미지와 같이 세팅하면, 두 번째 이미지와 같이 사용자에게 보인다]

블록의 구성 및 입력 방법

[블록 구성 화면]

블록은 발화 입력, 파라미터 설정, 봇 응답형식 설정(답변 설정), 컨텍스트 설정, 이벤트 설정으로 구성되어 있습니다. 이벤트 설정은 이벤트 호출을 위해 설정할 때 사용하는 기능으로 일반적으로 손대지 않으므로, 여기서는 따로 언급하지 않겠습니다.

2.2.1 > 발화 입력

사용자가 말할 것으로 예상되는 질문이나 명령을 입력합니다. '오늘 날씨 어때'. '오늘 비가 올 것 같아?', '오늘 날이 맑을 것 같아?', '오늘 일기 예보 알려줘', '오늘 빨래 널어도 괜찮아?' 등의 질문을 넣습니다. 또는, '거실불 켜줘', '거실불 온', '거실불 켜놔' 등의 명령을 입력할 수도 있습니다. 여기서 엔티티와 결합하여 여러 패턴의 질문을 만들 수 있습니다.

[발화 입력 중인 화면]

'배송비'라는 단어에 직접 엔티티를 입력 중인 화면입니다. 위와 같이 해당 단어를 마우스로 드래그하면 직접 엔티티를 등록할 수 있으며, 여러 개로 구성된 단어의 경우에 해당 엔티티를 등록하면 됩니다. 엔티티가 미리 설정되어 있는 경우, 발화를 입력했을 때 매칭되는 엔티티가 있다면 Google Dialogflow에서는 자동으로 추가가 되나, 오픈빌더에서는 하나하나 설정해 줘야 합니다.

2.2.2 > 파라미터 설정

파라미터는 발화에 연결된 엔티티 정보를 스킬(Skill), 즉 API에 전달하는 역할을 합니다.

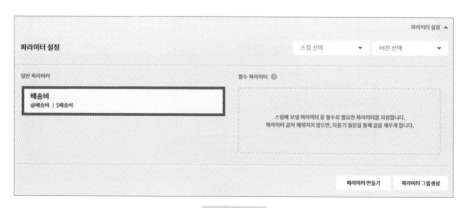

[등록된 엔티티]

위의 발화에서 엔티티가 추가되면 파라미터에도 자동으로 해당하는 엔티티가 추가되며, 이를 이용하여 답변이 나갑니다. 파라미터에서 엔티티를 삭제하면, 해당 엔티티를 이용한 발화에 대해서는 정상적으로 답변이 나가지 않습니다.

2.2.3 > 봇 응답형식 설정

[오픈빌더 – 답변 화면]

봇 응답형식 설정은 사용자에게 보이는 답변을 설정하는 역할을 합니다. 보통 답변만을 넣진 않고, 그다음에 이루어질 예상 질문이 포함된 버튼을 함께 넣습니다. 하나의 질문에 대해 최대 3개까지의 응답을 내보낼 수 있으며 첫 번째 응답, 두 번째 응답, 세 번째 응답 그리고 바로 연결 응답으로 구성되어 있습니다.

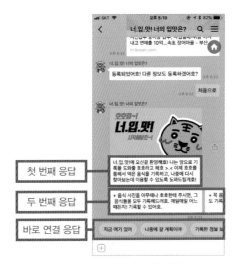

[답변 예시]

이미지가 붙어 있는 텍스트가 첫 번째 응답이고, 그 아래 슬라이드로 된 답변이 두 번째 응답입니다. 첫 번째 응답은 아래 나올 슬라이드 형태의 두 번째 응답을 간략하게 설명하는 용도로 쓰입니다. 이처럼 한 번의 질문에 3개까지 응답할 수 있게 구성되어 있습니다. 응답을 2개 이상 사용하는 경우는 텍스트 제한으로 인해 한 번에 모든 답변을 내보낼 수 없을 때, 그리고 첫 번째 보낸 응답과 두 번째 보낸 응답을 분리하여 가시성을 높여 주고 다른 구성으로 된 답변을 내보낼 때입니다.

[첫 번째 응답은 아래 나올 슬라이드 형태의 두 번째 응답을 간략하게 설명하는 용도로만 사용되었다]

응답의 형태는 텍스트형, 이미지형, 카드형, 커머스형, 리스트형이 있습니다. 현재는 카카오톡의 카카오톡 채널 챗봇에서만 적용이 가능하며, 차후에는 카카오 미니 스피커 봇에서도 적용할 수 있게 변경될 예정입니다.

❶ 텍스트형

텍스트로만 구성된 답변으로, 필요에 따라 1~3개의 버튼을 추가해서 기능을 넣을 수 있습니다. 단일형, 랜덤형, 케로셀형 중 하나의 답변으로 설정할 수 있는데, 단일형은 하나의 말풍선으로 구성된 답변을 뜻합니다. 랜덤형은 사용자에겐 하나의 말풍선으로 구성된 답변이 보이지만, 봇 제작자 입장에서는 여러 개의 답변을 미리 넣어 놓고, 그 중에 랜덤으로 답변을 나가게 하는 것을 뜻합니다. 답변을 풍성하게 보이게 할 때 주로 씁니다. 케로셀형은 옆으로 넘기는 슬라이드 형태의 답변을 말합니다. 여러 개의 답변을 슬라이드로 넘길 수 있으므로 텍스트를 끊어서 읽거나, 하단에 버튼을 설정함으로써 각 답변에 맞는 버튼을 누를 수 있습니다.

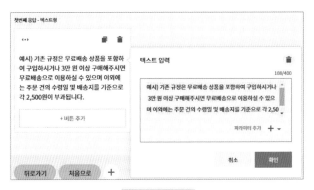

[텍스트 – 단일형]

단일형이나 랜덤형은 텍스트를 1,000자까지 설정할 수 있으며, 케로셀형은 400자까지 설정할 수 있습니다. 여기서 글자는 영문이나 한글, 띄어쓰기에 관계없이 모두 1글자로 인식합니다.

[오른쪽 위의 파란색 버튼으로 케로셀과 랜덤형 중 선택할 수 있다]

랜덤형 답변을 사용하는 이유는 답변의 풍성함을 보여 주기 위해서인데, 크게 2가지의 경우에 사용합니다. 첫 번째는 콘텐츠 챗봇의 경우로, 획일적인 답변보다 답변을 풍부하게 보여 줌으로써 사용자의 만족도를 높일 수 있습니다. 두 번째는 폴백 메시지에 대한 답변으로, '죄송합니다. 잘 이해하지 못 했습니다'만 나오면 너무 딱딱한 느낌이 들 수 있으므로 다양한 답변을 준비하여 재질문을 유도하는 것입니다.

❷ 이미지형

이미지로만 구성된 답변입니다. 버튼을 추가할 수 없으므로, 이미지에 버튼만 넣고자 하는 경우에는 이미지형이 아닌 카드형을 사용해야 합니다. 이미지형은 단일형, 랜덤형 중 하나의 답변으로 설정할 수 있습니다.

[이미지형]

2:1 비율의 직사각형 이미지와 1:1 비율의 정사각형 이미지를 사용할 수 있는데, 해상도의 제한은 없으며, 통상 직사각형의 경우 가로 600픽셀 × 세로 300픽셀, 정사각형의 경우 가로 세로 600픽셀의 사이즈를 사용하고 있습니다. 3MB의 용량을 넘으면 등록이 되지 않으므로 고해상도의 이미지를 사용하지 않는 게 좋습니다. 이미지형은 이미지 하단에 버튼을 따로 설정하지 못하므로 특정 이미지를 내보낼 때에 사용하거나, 여러 개의 답변을 적절히 섞어서 사용하는 것이 좋습니다. 케로셀형처럼 이미지를 슬라이드로 보여 주고 싶은 경우에는 아래에서 설명하는 카드형을 사용하면 됩니다.

❸ 카드형

이미지 + 텍스트로 조합하여 구성된 답변입니다. 반드시 이미지를 넣어야만 등록되며, 필요에 따라 1~3개의 버튼을 추가해서 기능을 넣을 수 있습니다. 이미지에 버튼을 넣고자 하는 경우 이미지형이 아닌 카드형을 사용하여 버튼을 설정하면 됩니다.

[카드형 – 케로셀형]

타이틀이나 설명을 반드시 넣지 않아도 되며, 타이틀을 넣지 않은 경우에는 텍스트를 조금 더 많이 쓸 수 있습니다. 카드형은 단일형, 랜덤형, 케로셀형 중 하나를 설정할 수 있습니다. 단일형과 랜덤형의 경우 타이틀은 20글자, 텍스트는 230글자까지 가능하고, 케로셀형의 경우 타이틀은 20글자, 텍스트는 76글자까지 가능합니다.

❹ 커머스형
카드형에서 업그레이드된 형태로 이미지 + 가격 + 텍스트를 적을 수 있는 형태로 되어 있습니다.

[커머스형 – 케로셀형]

브랜드 이미지를 넣고 브랜드명을 기입할 수도 있으며, 가격을 표기하고 가격에 대한 할인 금액이나 할인율을 설정할 수도 있습니다. 카카오페이와의 연동으로 챗봇 내에서 결제까지 할 수 있습니다. 상품의 입력란에는 상품에 대한 소개를 적고, 버튼을 설정하여 해당 상품의 정보가 있는 URL로 웹뷰를 통해 잠깐 넘어갈 수 있습니다. 버튼은 최대 3개까지 추가 가능합니다. 커머스형의 경우는 랜덤형 답변은 선택되지 않습니다. 상품명을 입력하는 란에는 상품에 대한 소개를 넣는 게 좋으며, 단일형과 케로셀형 모두 76글자까지 가능합니다.

❺ 리스트형
리스트형은 리스트가 한 화면에 구현됩니다. 앞서 소개한 답변 유형들은 많은 답변을 넣을 경우 케로셀형으로 확장해야 했습니다. 옆으로 넘기는 케로셀형은 화면을 크게 보여 주긴 하나, 사용자가 옆으로 슬라이드를 넘기는 액션을 취해야 화면이 보인다는 단점을 가지고 있습니다. 반면, 리스트형은 뉴스나 상품 정보를 한 화면 내에 나열하여 한꺼번에 볼 수 있다는 장점을 가지고 있습니다. 하지만 다소 작은 이미지만 설정할 수 있다는 단점이 있습니다.

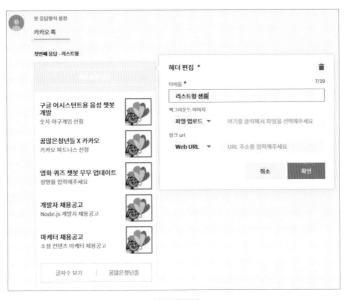

[리스트형]

리스트형은 랜덤형이나 케로셀형은 없고, 최소 2개에서 최대 5개까지 넣을 수 있습니다. 헤더 부분에는 대표 문구를 넣을 수 있으며, 배경 이미지도 설정할 수 있습니다. 타이틀은 46글자, 이에 대한 설명은 16글자까지 넣을 수 있으나, 설명을 넣게 되면 타이틀은 36글자로 제한됩니다. 또한, 기기의 화면 크기에 따라 타이틀 46글자가 전부 안 보이는 경우도 있습니다. 하단에는 버튼을 설정할 수 있으며, 다른 버튼들과 동일하게 1~3개까지 넣을 수 있습니다.

[리스트형 OS기기별 링크 설정]

각 리스트에는 다음 행동을 유도하는 버튼을 설정할 수 없고, OS기기별 링크만 설정할 수 있습니다. OS기기별 링크는 앱이 설치되어 있으면 해당 앱의 딥링크까지 연결되며, 앱이 설치되어 있지 않을 경우에는 기기별 앱스토어로 이동할 수 있습니다.

리스트형은 상품이나 뉴스에 대한 안내를 한 화면에 리스트로 볼 수 있도록 하고, 그다음 행동을 위한 버튼은 하단에 설정하여 활용하면 됩니다.

❻ 이미지의 링크 설정

카드형과 커머스형에 넣은 이미지에는 웹 링크를 넣을 수 있습니다. 이미지형에는 링크를 넣을 수 없으므로 유의합니다.

[카드형의 이미지]

이미지에는 링크 설정에서 웹 URL을 심을 수 있습니다. 이 기능을 이용하면 이미지를 누를 때 웹 URL로 넘어갑니다. 웹 URL뿐만 아니라, 카카오TV에 있는 영상을 재생할 수도 있습니다.

❼ 버튼 기능 설정

말풍선에 버튼을 추가할 경우에는 블록연결, URL링크, 전화, 메시지 전송, 플러그인 중에서 하나를 사용할 수 있습니다. 버튼명은 최대 14글자까지 설정 가능합니다.

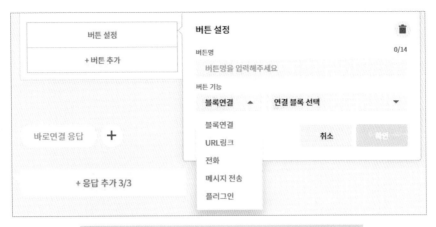

[블록연결, URL링크, 전화, 메시지 전송, 플러그인의 기능을 설정할 수 있다]

- **블록 연결:** 블록 연결은 만들어 놨던 블록 중에서 하나와 연결할 수 있습니다. 그러면 해당 버튼의 문구가 무엇이든 버튼을 눌렀을 때, 연결한 블록이 답변으로 전송됩니다.
- **URL 링크:** URL 링크는 하나만 넣을 수 있습니다. 웹으로 넘어갈 경우 카카오톡에서 빠져나가지 않고 웹뷰 안에서 연결되기 때문에 챗봇 안에서 계속 돌아다닌다는 장점을 가지고 있습니다.
- **전화:** 전화번호를 넣어 두면, 버튼을 눌렀을 때 전화를 걸 수 있게끔 팝업창이 뜹니다. 확인창이 뜨면서 한번 더 물어보고 바로 전화를 할 수 있습니다. 클라이언트상에서 동작하는 버튼이므로 별도로 서버에 정보가 오지 않기 때문에 실제로 전화를 눌렀는지 통계를 내기는 어렵습니다.

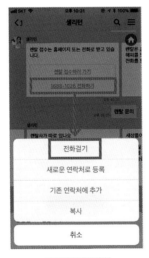

[전화걸기 버튼]

– 메시지 전송: 발화를 넣는 버튼입니다.

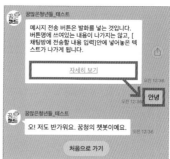

[메시지 전송 화면]

버튼명에 '자세히 보기'라는 텍스트를 입력해 놓더라도, 메시지 전송 입력란에 '안녕'이라고 넣어 놓으면 '자세히 보기' 버튼을 눌렀을 때 '안녕'이 출력됩니다. 메시지 전송은 발화로 인식하기 때문에, 발화에 대한 답변이 나가게 되어 있습니다.

– 플러그인: 플러그인에는 앱딥링크 이동, 공유하기, 톡채널 포스트, 톡채널 쿠폰, 상담원 연결이 있습니다.

[공유하기 화면]

공유하기 기능은 친구나 그룹방에 공유할 때 쓰이며, 카카오톡 내에 있는 사람들에게만 공유할 수 있습니다. 버튼명은 꼭 공유하기가 아니어도 되고, 이미지와 텍스트가 함께 공유되는 게 사용자가 더 쉽게 이해할 수 있기 때문에 주로 카드형에 공유하기 버튼을 넣습니다. 위 이미지처럼 카드형을 공유하는 것이 상대방도 이해하기 쉽고 보기 편합니다.

['상세 이용방법 안내'를 누르면 톡채널 포스트 화면이 뜬다]

톡채널 포스트는 카카오톡 채널 소식보기에 넣어 놓은 포스트를 끌어와서 보여 줍니다. 이벤트나 정보 등을 풍부하게 보여 주기 위해서 웹뷰 대신에 포스트에 있는 정보를 끌어온다고 보면 됩니다.

❽ 바로 연결 응답

답변에서 가장 아래에 나오는 버튼으로, 버튼을 눌렀을 때 명령을 수행하거나, 답변을 하거나, 발화의 역할을 하기도 합니다. 빠르게 답변한다 하여 빠른 버튼으로 통용되어 사용되기도 하고, 버튼을 누름으로써 같이 나왔던 버튼이 사라지는 특성을 이용하여 퀴즈나 설문 조사에 사용되기도 합니다. 버튼은 최대 14글자에 최대로 선택 가능한 버튼 개수는 10개입니다.

[바로 연결 응답 순서 변경 화면]

버튼의 노출 순서를 변경하고자 할 때에는 위와 같은 설정 창에서 마우스로 드래그 앤 드롭 방식으로 변경할 수 있습니다.

연결에는 엔티티 적용 방식, 블록 연결 방식, 발화 전송 방식 총 3가지가 있습니다. 엔티티 적용 방식은 나의 엔티티만 추가, 변경, 삭제할 수 있으며, 시스템 엔티티는 사용할 수 없습니다. 나의 엔티티에 넣어 놓은 엔트리가 순차적으로 적용되며, 14글자를 넘어가는 엔트리는 불러오지 못합니다.

[엔트리를 선택하면 자동으로 엔트리 목록이 나온다]

엔트리에 메시지를 별도로 입력한 경우, 설정된 엔트리에 일괄적으로 메시지가 붙어서 발송됩니다. 위와 같이 선택이 필요한 엔티티를 이용하여, 선택한 값에 대한 다음 답변을 주는 데 사용합니다. 엔티티 적용 방식도 역시 드래그 앤 드롭을 이용하여 노출되는 순서를 변경할 수 있습니다.

블록 연결 방식은 버튼을 눌렀을 때 하나의 블록을 바로 호출하는 기능입니다. 일반적인 버튼을 눌렀을 때 블록을 호출하는 방식과 유사합니다. 발화 전송 방식은 사용자가 타이핑하여 봇에게 질문한 경우와 동일하게 작동합니다. 버튼을 눌렀지만 특정 블록을 호출하는 기능이 아니어서 해당하는 발화에 대한 출력을 내보낼 블록이 준비되어 있지 않을 경우에는 폴백 메시지로 연결될 수도 있습니다.

2.2.4 > 컨텍스트 설정

사람들이 대화를 나눌 때는 문맥이 존재합니다. 가령, '밥 먹었어?'라고 묻고서 먹었다는 답변이 돌아왔을 때, 다시 '뭐?'라고 물어보면 이는 '무엇을 먹었어?'를 뜻합니다. 이때 다시 '김치찌개'라는 답변이 돌아오면 이는 '김치찌개를 먹었어'라는 의미입니다. 문맥의 흐름에서는 짧게 이야기해도 생략이 당연하게 받아들여지지만, 날씨에 대해 이야기하던 중에 '김치찌개'라는 답변을 하게 되면 뜬금없이 무슨 이야기를 하는지 모를 수밖에 없습니다. 문맥은 이렇게 대화의 흐름과 일정 시간 안에 존재해야 합니다.

이러한 이유로, 컨텍스트 기능은 자연스럽게 대화를 이어나가는 데 꼭 필요합니다. 가령, '오늘 날씨 어때?'라고 물어 오늘의 날씨 정보를 알려 줬는데 그다음에 다시 '그럼 내일은?'이라고 물었다면 문맥상 '내일 날씨 어때?'라는 것을 알 수 있습니다. 이처럼 봇이 보다 풍성하고 자연스럽게 정보를 주기 위해서는 컨텍스트 기능이 필요합니다.

2.3 엔티티 설정

엔티티는 사용자의 발화에서 봇이 사용자의 질문이나 명령에 맞는 임무를 수행하기 위해서, 주요 단어들을 추출하고 전달하도록 규정하는 데이터 사전입니다. 동의어를 등록하여 많은 유사 질문이나 명령에 대해서 보다 효율적으로 학습시키고 임무를 수행하게 할 수 있습니다.

[엔티티 설정 버튼]

버튼은 초기 화면에서 오른쪽 위에 있습니다. 사용되는 단어를 묶어서 이 곳에 넣게 됩니다. 단축키는 Ctrl + E입니다.

2.3.1 > 나의 엔티티

[나의 엔티티 관리 화면]

엔티티는 모든 단어들을 반드시 넣어야 하는 것은 아니고, 동의어나 비슷하게 사용되는 단어들이 있을 때 넣으면 됩니다. 가령, '여자친구'는 '여친'으로 줄여 부르기도 하는데, 이러한 줄임말이나 같은 의미로 통용되는 단어들을 한데 묶어 줍니다. 이 묶어 준 단어들 중 하나를 각 블록 내 질문에 넣게 되면, 그 범위 안에 있는 질문이 들어올 경우 답변이 자동으로 나갑니다.

[엔티티 만들기 화면]

위 이미지에서 보듯이, '방법'에 대한 동의어로 '법', '하는 법', '방식', '설명', '안내', '문의' 등을 넣었습니다. 가령 블록에 '근무 방법'이라는 발화를 넣어놓으면, '근무법', '근무하는 법', '근무 방식', '근무 설명', '근무 안내', '근무 문의' 등에 대해서도 동일하게 답변이 나갑니다. 발화에 단어의 조합을 하나하나 넣지 않고 유사한 의미로 등록해 두면, 적은 수의 발화를 넣고도 답변이 나가므로 훨씬 관리가 편리하고 좋습니다. 엔티티의 제대로 된 활용만이 다양하고 많은 질문에 대한 정교한 답변이 가능합니다.

[발화에 '근무 방법'을 넣으면, '근무 하는 법', '근무 설명' 등에 대해서도 동일한 답변이 나간다]

여기서 '방법'과 유사한 단어 6개를 더 추가하여서 7개의 질문에 대해서 동일하게 답변이 나가는 것인데, '근무'와 유사하게 쓰이는 단어로 '업무', '직무', '임무'를 같이 넣으면, 하나의 발화로 28개의 질문에 대해서 동일한 답변이 나가게 할 수 있습니다.

[엔티티에 '근무'와 '방법'과 유사하게 쓰이는 여러 단어들을 넣어 놓고, 블록에 해당 문장을 넣어 놨다]

2.3.2 > 시스템 엔티티

시스템 엔티티는 카카오에서 직접 넣어 놓은 엔티티로, 날짜, 시간, 앨범명, 연예인명 등 일반적이고 공통적으로 통용되는 개념들을 미리 입력해 놓은 엔티티입니다. 하지만, 각 회사별로 제공하는 내용이 다르고, 엉뚱한 내용을 엔티티로 읽어내는 경우가 있으므로, 불편하더라도 모두 꺼두고 필요한 내용만 켜서 적용시키는 게 좋습니다. 기본값은 Off되어 있으며, 플러그인 기능을 사용하고자 하는 경우에는 일부 기능을 On해야만 사용할 수 있습니다.

2.4 봇테스트

[봇테스트 버튼]

메인 화면의 오른쪽 위에 [봇테스트] 버튼이 있습니다. 해당 버튼을 누르면 챗봇을 사용하는 것과 같이 발화하고, 그에 대해 응답하는 내용을 확인할 수 있습니다.

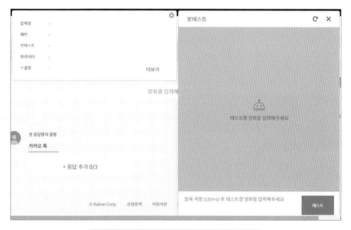

[봇테스트 버튼을 누르면 웹에 대화창이 뜬다]

상당히 자주 사용하는 버튼으로, 발화하였을 때 어떤 답변을 하는지 볼 수 있고 폴백 메시지로 가는지 또는 어떤 블록으로 가는지 확인할 때 사용합니다.

[봇테스트 화면]

블록 왼쪽에 해당 블록명이 표기되어 있으며, 블록 이름을 누르면 해당 블록으로 자동으로 이동됩니다. 따라서 '안녕' 말고 비슷한 발화인 '반가워'라는 발화가 등록되어 있지 않다면, 바로 [안녕]이라는 블록을 눌러서 해당 발화에 '반가워'라는 발화를 추가하면 됩니다. 알고 있는 발화가 어떤 블록으로 인해 답변이 나가는지 찾고자 할 때나, 발화를 수정하거나 답변을 수정하고자 할 때 많이 사용합니다.

2.5   스킬

시나리오 안의 블록이 하나의 질문&답변이라면, 스킬은 외부 API와 연결하는 하나의 질문&답변입니다. API 연동은 개발자들이 스킬에 들어가서 하게 됩니다. 다양한 연동을 할 수 있으며 DB에 있는 정보를 검색하여 답변을 주거나, IoT 기기와 연동하여 기기를 작동시키거나, CRM 관리시스템과 연동하여 AS 접수 등을 하는 데 사용합니다. 블록 내 '동작' 영역에서 연결해서 사용할 수 있습니다.

2.6   학습

[학습 스크린샷 이미지]

학습은 사용자가 물어본 질문 중에 봇이 제대로 답변하지 못한 내용들이 쌓이면 이에 대해 업데이트할 수 있는 도구입니다. 앞서 설명하였던 '죄송합니다. 잘 못 알아들었습니다'와 같은 메시지가 나가게 되는 '폴백 블록'들이 이 학습란에 쌓이게 됩니다.

2.6.1 > 학습대기

[학습 – 질문 발화 빈도 확인 및 답변 업데이트가 가능하다]

사용자가 해당 발화를 몇 번이나 물어봤는지 질문 발화 빈도를 확인할 수 있으며 빈도수가 높은 순으로 보여 줍니다. 각 발화를 클릭하여 현재 연결된 블록을 확인하고, 연결될 블록을 설정하여 답변을 업데이트할 수 있습니다. 결국 이 '학습'을 통해서, 들어오는 질문에 대한 답변을 더욱 정교하게 업데이트하게 됩니다.

블록만 보고는 답변의 내용을 100% 확인할 수 없기 때문에, 해당 블록을 누르면 나오는 텍스트를 보고 해당 답변이 맞는지 확인한 후에 해당 블록으로 설정해야 합니다. 발화당 최대 250글자만 표기되며, 전화번호와 같은 개인 정보를 포함하고 있는 발화는 마스킹 처리(* 표시)되어 노출됩니다. 여기서 학습을 시키면 해당 발화는 연결한 블록에 자동으로 추가되는데, 해당 블록에 발화 및 엔티티가 모두 추가됩니다.

2.6.2 > 학습이력

[학습대기에서 학습을 시키면 학습이력에서 내역을 볼 수 있다]

학습대기에서 학습한 발화 목록은 학습이력에서 볼 수 있습니다. 이 목록에서는 매칭시킨 블록 이름, 업데이트 일시, 학습 상태 등의 정보를 확인할 수 있습니다. 학습시켰던 연결 블록을 학습이력의 상세화면에서 변경할 수 있으나, 보통은 여기서 수정하지는 않습니다.

2.6.3 > 목록 필터링

기간을 정하여 어제, 지난 일주일, 지난 14일, 지난 30일 단위로 폴백 메시지를 확인할 수 있고, 특정 기간을 정할 수도 있습니다. 학습대기나 학습이력 모두 동일하게 기간을 특정하여 볼 수 있습니다.

[기간을 정하거나, '날짜' 탭을 눌러서 특정 기간을 정하여 검색이 가능하다]

학습대기 목록에서 '검색필터 추가'를 통해 보다 상세하게 검색할 수 있습니다. 텍스트 메뉴는 특정 발화를 포함하거나 제외시켜서 검색할 수 있고, 발화값 메뉴는 '발화빈도'나 '발화길이'를 선택할 수 있습니다. '발화빈도'는 해당 발화가 나온 횟수이므로 특정 숫자 이상 나온 것을 찾는 데 주로 사용됩니다. '발화길이' 또한 의미 있는 길이의 텍스트를 찾는 데 주로 사용됩니다. 초기에는 대부분의 답변에 대해 업데이트해야 한다는 압박감을 가질 수 있으나, 시간이 지남에 따라 의미 있는 질문에 대해서만 업데이트하게 되므로, 이 검색 필터링이 자주 쓰이게 됩니다.

2.7 배포

배포는 봇의 내용을 변경한 후에 실제 챗봇에 적용할 때 사용됩니다.

[봇의 배포를 3회에 걸쳐 진행한 화면]

챗봇의 내용을 변경할 때마다 배포를 진행해야 하는 번거로움은 있으나, 운영 중인 봇에서 변경 작업을 할 경우에 실시간으로 반영되면 문제가 생길 수 있기 때문에 안정성 면에서는 좋습니다. 또한, 버전별로 어떠한 내용을 변경하였는지 기록함으로써 업데이트 관리가 가능한 이점을 가지고 있습니다.

2.8 작업이력

작업이력 역시 관리자 입장에서 필요한 기능입니다.

[변경한 작업에 대한 내용을 모두 볼 수 있다]

봇의 변경 작업에 대한 내용을 모두 볼 수 있으며, 언제 무엇을 변경했는지 확인할 수 있습니다. 또한, 모든 내용을 보거나, 특정 변경 내용만 검색하여 찾을 수 있습니다.

통계 페이지입니다. 사용자들이 얼마나 들어왔는지, 어떠한 답변이 가장 많이 송출되었는지 분석할
수 있습니다.

2.9.1 > 대시보드

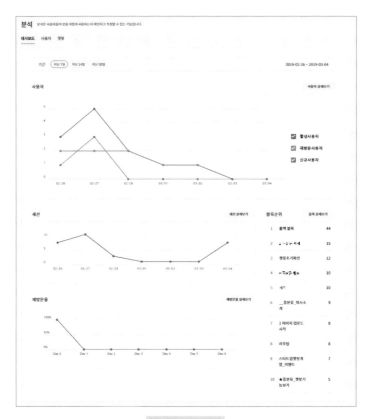

[통계를 볼 수 있다]

대시보드에서는 유입된 사용자, 세션, 재방문율을 확인할 수 있습니다. 전체적인 내용을 한눈에 볼
수 있어 좋습니다. 지난 7일, 지난 14일, 지난 30일, 지난 90일 단위로 기간을 설정하여 볼 수 있으
며, 유입된 사용자 중 신규 사용자가 몇 명이나 들어왔는지, 재방문 사용자는 몇 명이나 되는지, 전
체 사용자는 얼마나 되는지 확인할 수 있습니다.

세션은 일정 기간 사이에 발생한 사용자 발화의 모음으로, 사용자가 봇에게 말한 후 10분 이상 추가
로 말이 없으면 하나의 세션이 종료됩니다. 10분이 지난 후에 추가로 봇을 호출하면 다시 새로운 세
션이 시작됩니다. 이 메뉴는 활동성을 평가하는 것으로, 한번 들어와서 답변의 만족을 이끌어냈는
지, 답변에서 만족하지 못하여 다시 챗봇에게 말을 걸었는지 분석하는 데 사용됩니다.

2.9.2 > 사용자

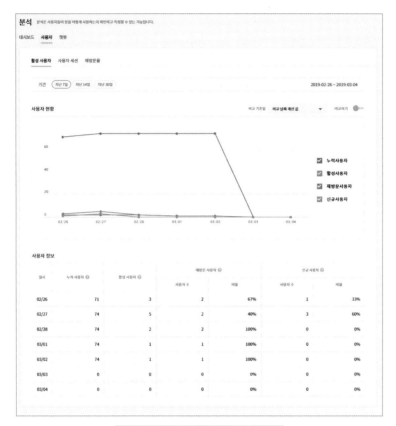

[챗봇에 들어온 사용자의 통계를 볼 수 있다]

사용자 메뉴에서는 활성 사용자, 사용자 세션, 재방문율을 확인할 수 있습니다.

활성 사용자 메뉴에서는 누적 사용자, 활성 사용자, 재방문 사용자, 신규 사용자에 대한 내용을 비교할 수 있습니다. 사용자 세션 메뉴에서는 전체 세션 수, 사용자당 평균 세션 수, 사용자당 평균 세션길이, 세션당 평균 메시지 수를 알 수 있습니다. 재방문율 메뉴에서는 기간별로 사용자의 재방문 여부를 알 수 있습니다.

2.9.3 > 챗봇

챗봇에서는 하나의 답변에 해당하는 블록의 사용 현황을 알 수 있습니다. 어떤 답변의 블록이 자주나갔는지, 폴백 메시지로는 몇 번이나 갔는지 기간별로 알 수 있습니다. 이 정보를 이용하여 어떠한답변을 많이 이용하는지 분석할 수 있습니다.

2.10   작업이력

각 블록을 추가, 생성, 편집, 삭제, 설정 변경하였는지 확인할 수 있는 작업이력입니다. 날짜와 시간까지 리스트로 나열되어서 표기되며, 각 항목을 클릭하면 누가 작업하였는지도 볼 수 있으나 상세한 내용까지 나오지는 않습니다. 그래도 발화를 변경 작업하였는지, 응답을 변경하였는지는 나오기 때문에 문제가 될만한 내용을 누가 바꿨는지 확인할 수 있습니다.

2.11   관리자

[관리자 권한 페이지]

마스터는 모든 권한을 가지고 있으며, 마스터 권한을 다른 작업자에게 넘겨줄 수 있습니다. 마스터는 1인에게만 부여됩니다. 정식 작업자는 마스터가 권한을 부여한 것에 한하여 권한을 가지고 있으며, '봇의 삭제'와 봇 관리자의 '개별 권한 설정'을 제외한 모든 권한을 가질 수 있습니다.

[정식 작업자에게 권한 부여가 가능한 목록]

정식 작업자에게는 다양한 권한을 부여할 수 있는데, 기본적으로 배포 권한은 부여하지 않고 있으나 원한다면 줄 수도 있습니다. 이를 활용해 모니터링 관리자와 수정 권한을 가진 관리자 등 다양한 상황에 맞춰서 운영자 지정이 가능합니다.

2.12 설정

[설정 화면]

봇 이름을 변경하거나, 카카오톡 채널 계정을 연결하거나 끊을 수 있습니다. 특히 '테스트 계정 연결'은 현재 라이브되고 있지 않은 카카오톡 채널인 경우에 해당 기능을 이용하여 테스트해 볼 수 있습니다. 매번 배포를 하지 않아도 변경된 내용이 즉시 적용되며, 관리자에 등록된 사용자만 사용할 수 있습니다. 초기에 개발할 때는 이를 이용하여 작업하는 것이 수월합니다. 개발이 완료된 후에는 테스트 계정 연결을 끊고, 카카오톡 채널 계정에 연결해야만 일반 사용자에게도 정상적으로 동작합니다.

봇 상태는 봇이 정상적으로 운영 중인지, 특정 사유로 인하여 봇이 제재를 받거나 중지되고 있는지 해당 내용을 확인할 수 있습니다. 앱키 설정은 카카오 플랫폼 API[14]와 연동할 수 있는 기능입니다. 회원가입을 필요로 하는 봇을 설계할 경우에는 앱키 설정을 할 수 있습니다. 이를 이용하여 카카오 간편 로그인과 연동할 수 있으며, 봇별로 본 서비스의 회원과도 연동할 수 있습니다. 예전에는 난수로 된 아이디와 이메일 정보만을 제공하였는데, 최근에는 성별, 연령대, 생일까지 포함된 것으로 보입니다.

[삭제하면 복구가 불가능하다]

설정 화면에서 봇을 삭제할 수 있는데, 한번 지우면 복구가 불가능하기 때문에 주의해야 합니다. [삭제] 버튼을 누르면 삭제할 것인지 단 한번만 물어본 후에 [삭제] 버튼을 누르면 완전히 삭제됩니다.

---

14 카카오 앱 개발: https://developers.kakao.com/features/kakao

2018년 5월 30일경 챗봇 서비스를 출시한 네이버 클라우드 플랫폼은 아마존의 'AWS'나 구글의 '구글 클라우드 플랫폼'과 유사한 클라우드 서비스를 제공하고 있습니다. 네이버 클라우드 플랫폼은 기존 네이버 아이디를 사용할 수 없고, 별도로 네이버 간편 가입을 하거나 이메일 가입을 해야만 이용할 수 있습니다.

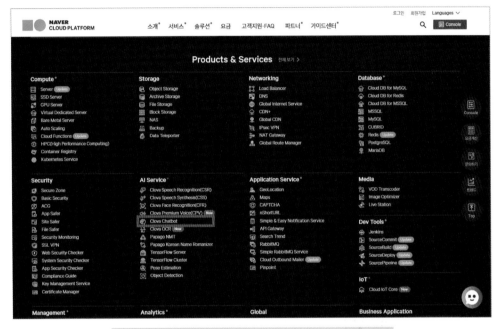

[네이버 클라우드 플랫폼 웹 페이지의 AI Service에 Clova Chatbot이 있다]

네이버 클라우드 플랫폼의 챗봇 서비스는 카카오톡의 자동 응답 API 연결 기능 제공 중단으로 카카오톡과의 연결은 진행되지 않고, 라인, 네이버 톡톡, 페이스북, 커스텀 연결이 가능합니다. 커스텀 연결이란 웹이나 모바일 앱에 연결하여 챗봇으로 답변할 수 있는 기능입니다.

봇 생성하기

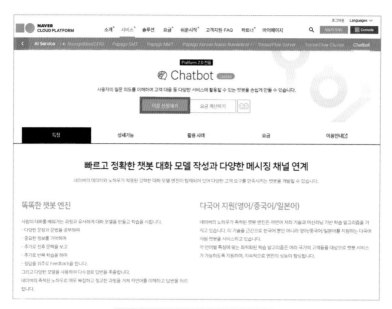

[Chatbot을 누르면 위와 같은 화면이 뜬다]

메인 화면에서 Chatbot을 클릭하면 네이버 클라우드 플랫폼 챗봇 서비스의 특징, 상세 기능, 활용 사례, 요금, 이용 안내 등에 대해서 안내하고 있습니다. 여기서 [이용 신청하기]를 누르면 다음으로 넘어갑니다.

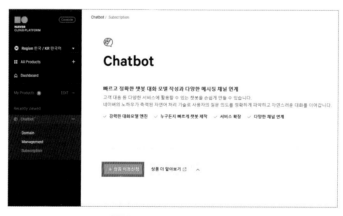

['상품 이용신청'을 누르면 된다]

[상품 이용신청]을 누르면 서비스 이용 약관을 볼 수 있고, 해당 내용에 체크한 후 확인을 누르면 도메인 생성 화면으로 넘어갑니다.

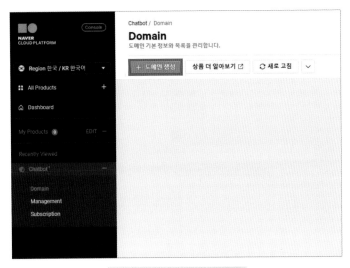

[Chatbot → Domain으로 넘어갔다]

[+ 도메인 생성]을 누르면 도메인을 생성할 수 있습니다. 여기서 '도메인'은 하나의 봇을 뜻하며, 여러 개의 봇을 만들 수 있습니다.

['도메인 생성'을 누르면 팝업창이 뜬다]

도메인 생성 시 도메인 이름, 도메인 코드, 자연어 처리, 서비스 타입을 선택할 수 있습니다. 도메인 아이디는 도메인을 생성하면 자동으로 부여되며, 자연어 처리는 언어를 선택할 수 있습니다. 서비스 타입은 테스트를 위한 Basic과 유료 모델인 Standard가 있으며, 차후에 변경할 수 있으므로 일단은 무료인 Basic을 선택하길 권장합니다.

[생성이 끝나면 Domain이 생성된 것을 볼 수 있다]

도메인 생성이 끝나면 도메인 목록을 확인할 수 있습니다. 해당 도메인에 대해 도메인 이름, 코드, 생성일 등 요약된 내용을 볼 수 있으며, 오른쪽 끝의 '동작'에 있는 [빌더 실행하기]를 통해서 생성한 봇으로 들어갈 수 있습니다.

3.2 도메인의 구성(항목 정의)

도메인의 구성은 아래와 같습니다.

[네이버 챗봇 진입 시 화면 구성]

❶ **대화 모델 빌드:** 학습 모델을 만들 수 있습니다. 자연어 처리를 위한 학습을 시키게 되며, 학습된 빌드를 통해서 질문이나 명령에 대한 답변이 송출됩니다.

❷ **챗봇 설정:** 챗봇의 여러 가지 설정을 할 수 있습니다. 도메인 정보, 메신저 연동, 키워드 관리, 빌드 관리, Built in 템플릿, 권한 관리 등을 할 수 있습니다.

❸ **빌드 관리:** 빌드, 즉 학습 모델을 만들고자 시도하거나 시도하여 성공한 경우의 정보를 볼 수 있습니다.

❹ **대화 목록:** 인텐트를 넣을 수 있습니다.

❺ **공통 메시지:** 웰컴 메시지, 실패 메시지, 고정 메뉴, 피드백, 유사 답변, 푸시 메시지 등 기본적으로 설정하는 메시지를 넣을 수 있습니다.

❻ **대화 유형:** 인텐트 유형을 등록할 수 있는데, 인텐트의 대화 유형을 태깅해 놓을 수 있다고 보면 됩니다.

❼ **엔티티:** 엔티티를 등록할 수 있습니다.

❽ **액션 메소드:** 개발자가 다루게 되는 영역이며, 외부 API와 연동하여 엔티티를 다룰 수 있습니다.

❾ **폼:** 답변의 폼을 여러 가지 타입으로 만들어 놓을 수 있습니다.

❿ **태스크:** 봇이 대화에서 얻은 엔티티를 저장하고 지정한 엔티티 수집 조건을 만족시키면 지정한 폼을 종료 시에 호출하여 대화의 액션을 실행시킬 수 있습니다.

⓫ **수동 테스트:** 빌드를 하여 학습이 완료되면 답변이 잘 나오는지 테스트할 수 있습니다.

⓬ **자동 테스트:** 파일을 업로드하여, 한 번에 여러 질문을 던지고 이에 대한 답변을 확인할 수 있습니다.

⓭ **통합 지표:** 봇의 통계를 볼 수 있습니다.

⓮ **대화 기록:** 사용자와 봇의 대화 기록을 확인할 수 있습니다. 이를 통해 제대로 답변하지 못한 경우를 확인하여 재학습시킬 수 있습니다.

⓯ **재학습:** 사용자의 발화에 대해 매칭되지 못하여 폴백 메시지가 나간 답변들에 대해서 재학습을 할 수 있을 뿐만 아니라, 매칭된 답변도 확인할 수 있습니다.

3.3 대화 모델 빌드

챗봇 엔진에는 2가지 방식이 있습니다. 하나는 사용자의 질문이나 명령이 들어오면 그 즉시 엔진 내에 있는 인텐트를 기반으로 머신러닝하여 답변을 제공하는 방식이며 다른 하나는 미리 인텐트를 가지고 머신러닝하여 핵심 엔진을 만들어 놓고, 사용자가 질문이나 명령을 하였을 때 저장된 답변을 제공하는 방식입니다.

전자의 방식은 구글, IBM, 카카오 등에서 사용하는 방식이고, 후자의 방식은 네이버에서 사용하는 방식입니다. 물론 보낸 이미지를 머신러닝하여 분석하는 데 사용하는 경우에는 구글이나 IBM도 후자의 방식을 이용하기도 합니다.

각각의 방식은 비용상의 장단점을 가지고 있는데, 전자의 방식은 매번 답변할 때마다 과금하게 됩니다. 후자의 방식은 그 핵심 엔진을 만들기 위해 '빌드'를 할 때 과금하게 됩니다.

	매번 머신러닝하는 방식	핵심 엔진을 만들고 답변하는 방식
사용 기업	구글, IBM, 카카오 등	네이버
비용	건당 과금(답변당 과금)	빌드당 과금(통상 월 1~2회), API 외부 호출당 과금
장점	발화를 추가하여 바로 반영	비용이 저렴함
단점	사용량이 많으면 비용이 많이 듦	월 1~2회 주기적인 반영을 해야함

[대화 모델 빌드는 오른쪽 위에 버튼이 있다]

네이버의 챗봇 엔진은 발화를 대량으로 넣어 놓고 빌드하여 핵심 엔진을 만드는 방식을 채택하고 있습니다.

3.4 챗봇 설정

[챗봇 설정 화면]

챗봇 설정 화면에서 6가지 설정을 할 수 있습니다.

❶ **도메인 정보:** 도메인의 이름을 변경하거나 재학습 데이터를 다운로드받을 수 있습니다. 그 외의 정보는 변경하지 못하며, 확인만 할 수 있습니다.

❷ **메신저 연동:** 많은 사용자가 이용하는 메신저의 경우 연결을 손쉽게 하기 위해 별도로 연결을 돕고 있습니다. 라인, 네이버 톡톡, 페이스북과 커스텀 연결을 지원하고 있으나, 카카오톡의 정책 변화로 현재는 카카오톡과의 연결은 지원하고 있지 않습니다.

❸ **금칙어 관리:** 사용자가 욕설이나 불쾌한 단어를 말한 경우에는 필터링하여 저장해 놓은 답변을 줄 수 있습니다.

❹ **빌드 관리:** 빌드를 실행한 통계를 볼 수 있습니다. 언제 했는지, 성공/실패 여부 등을 확인합니다.

❺ **Built in 템플릿:** 네이버에서 미리 만들어 놓은 예시를 바로 챗봇에 적용할 수 있습니다. 4가지 종류가 있는데, '하고 있는 일', '일상질문', '감정', '소개'에 관한 것입니다. 이를 이용하여 보다 다양한 발화에 대응할 수 있으며, 답변은 자사의 서비스에 맞게 수정해 줘야 합니다.

❻ **권한 관리:** 다른 사용자를 초대할 수 있는 URL을 생성할 수 있습니다. URL을 생성한 후 다른 사용자나 관계자에게 보내면 그 링크를 통해 가입하고 같이 관리할 수 있습니다.

3.5 대화 목록

대화 목록은 여러 개의 질문과 매칭되는 하나의 답변 뭉치로, 카카오에서의 블록, 구글 다이얼로그 플로우의 인텐트와 같은 것으로 보면 됩니다. 사용자의 말로부터 의도를 파악하여 봇이 수행할 액션이나 응답할 내용을 정의하게 됩니다. 인텐트를 올리는 방법에는 '대화 생성'과 '업로드'가 있습니다.

[대화 생성, 업로드, 다운로드가 가능하다]

3.5.1 > 대화 생성

타 봇빌더처럼 하나의 화면에서 하나의 인텐트를 생성합니다.

[하나의 화면에서 사용자의 발화, 매칭되는 답변 등을 등록한다]

❶ **대화 이름:** 대화의 이름을 작성합니다. 인텐트명을 작성하는 것과 같이 대분류, 중분류, 상세 답변으로 나눠서 알아보기 쉽게 만듭니다.

❷ **대화 유형:** 태그를 입력하듯이 다양한 유형을 입력합니다. 많은 대화 목록을 보다 쉽게 관리하기 위한 기능으로, 필수로 입력해야 하는 것은 아니지만 운영상의 편의를 위해 입력할 것을 권장합니다.

❸ **시나리오:** 이 대화(인텐트)가 앞뒤의 문맥(컨텍스트)이 있는지 나타냅니다. 없는 경우에는 대화 위치에 [단일 대화]라고 나옵니다.

❹ **질문 등록:** 사용자가 질문이나 명령을 할 것이라고 예상되는 발화를 입력할 수 있습니다. 하나의 답변에 매칭되는 다양한 발화를 등록해 놓을수록 답변 성공률이 올라갑니다.

❺ **답변 등록:** 사용자의 발화에 매칭되는 답변을 등록할 수 있으며 기본 답변, 이미지 답변, 멀티링크 답변, 객관식 답변 중 선택할 수 있습니다.

- **기본 답변:** 텍스트 답변만 입력합니다.
- **이미지 답변:** 이미지와 텍스트, URL과 이에 해당하는 문구를 넣을 수 있습니다. 또한, [+ 추가] 버튼을 이용하여 슬라이드 형태로 이미지를 추가할 수 있습니다.
- **멀티링크 답변:** 텍스트 답변에 URL 버튼을 넣을 수 있습니다.
- **객관식 답변:** 미리 폼에 등록해 놓은 답변을 불러와서 손쉽게 변경하여 답변을 적용할 수 있습니다.

3.5.2 > 업로드

업로드의 경우는 양식을 확인하기 위해서 1개를 우선 올린 후에 다운로드해 보고 이에 맞는 내용을 입력하여 다시 업로드하면 됩니다. 대량의 질문을 엑셀 파일을 통해 업로드할 수 있으며, 지정된 업로드 파일 양식에 맞추어 업로드해야 합니다.

대화 시나리오	대화유형	질문	답변 유형	답변	서비스 여부
		챗봇 기능 뭐 있어	기본 답변	답변: 테스트를 위해 널	ON
		챗봇 기능 알려주세요			
챗봇기능소개	중분류|챗봇기능안내	챗봇 기능			
		만든 챗봇들이 뭐야	기본 답변	답변: 테스트로 넣고 있	ON
		레퍼런스 알려줘			
레퍼런스	소분류|회사안내	어떤 챗봇들을 만들었어요			
		회사 소개	기본 답변	답변: 회사 소개에 대해	ON
회사소개	중분류|회사안내	회사 소개해줘			
		처음으로	기본 답변	답변: 안녕하세요. 꿈정	ON
		초기화면			
		처음			
		시작			
챗봇초기화면	대분류	시작하기			

[다운로드받으면 위의 형식을 가진 엑셀 파일을 받을 수 있다]

3.6 대화 유형

각 인텐트의 유형을 알기 쉽도록 태깅할 수 있는 기능입니다.

[대화 유형은 인텐트별 태깅 기능이다]

위의 예시와 같이 여러 유형을 미리 등록해 두고, 인텐트에 유형을 지정해 주면 분류하여 확인하기 좋습니다.

3.7 엔티티

[엔티티 화면]

엔티티에서는 엔티티를 추가하거나 비활성화할 수 있습니다. 위의 이미지에서 @로 표기된 것들은 시스템 엔티티로, 비활성화가 가능합니다. 시스템 엔티티란 봇빌더 개발사에서 자주 쓰일 것으로 보여 기본으로 등록해 놓은 엔티티를 의미합니다. 직접 만든 엔티티는 엑셀 파일로 업로드 및 다운로드가 가능하며, 양식을 확인하고자 할 때는 우선 다운로드하여 참고한 후 업로드하는 것이 좋습니다. 물론 시스템 엔티티는 업로드나 다운로드가 불가능합니다.

[엔티티 추가 화면]

엔티티를 추가할 때는 대표어와 이에 해당하는 유사어를 넣을 수 있습니다.

3.8 폼

[왼쪽 위의 # 옆에 이름을 쓰면 추가가 가능하다]

자주 사용되는 답변을 폼으로 등록하여 버튼 형식으로 답변을 구성할 수 있습니다. 대화 목록과 연동하여 사용됩니다.

3.9 태스크

챗봇이 대화를 통해서 얻은 엔티티를 저장하고 지정된 엔티티 수집 조건을 만족시키면 지정한 폼을 종료시에 호출하여 대화의 액션을 실행시키는 기능입니다. 복잡한 상품의 주문이나 반품 등 주요 업무 태스크의 시나리오를 설계할 수 있습니다.

3.10 수동 테스트

'대화 모델 빌드' 후에 수동으로 테스트를 할 수 있습니다. 답변이 정상적으로 나오는지 확인하고 부족한 부분을 업데이트합니다.

3.11 자동 테스트

'대화 모델 빌드' 후에 정해진 양식의 질문 리스트를 엑셀 파일로 업로드하여 일괄적으로 테스트할
수 있습니다. 이때 추출되는 답변은 엑셀 파일로 다운로드받을 수 있습니다.

3.12 통합 지표

[통합 지표 화면]

통계를 확인할 수 있습니다. 사용자가 한 번 들어와서 대화가 종료될 때까지 몇 번의 대화를 걸었는
지 확인할 수 있는 세션 건수, 총 들어온 메시지 건수, 세션당 평균적으로 들어온 메시지 건수, 실제
들어온 사용자 수 등을 확인할 수 있습니다. 그 외에도 자주 사용되는 대화(인텐트), 대화 유형, 엔티
티를 순위별로 확인할 수 있는 페이지 등이 있습니다.

3.13 대화 기록

사용자의 개인정보를 제외한 각 세션별 대화 내용을 확인할 수 있습니다. 이를 통해 챗봇의 대화가 문맥에 맞게 이루어졌는지, 정상적으로 답변했는지 등의 확인이 가능합니다. 실시간으로 확인은 하지 못하며 최근 30분과 최대 10,000건의 대화 기록을 확인할 수 있습니다. 그 이상의 대화 기록은 다운로드를 받아야 확인할 수 있습니다.

3.14 재학습

챗봇이 사용자의 발화에 매칭되는 답변이 없어서 답변을 못하거나 제대로 답변하지 못한 질문들을 확인하고, 이를 재학습할 수 있습니다. 재학습을 통해 챗봇이 점점 고도화되고 보다 많은 질문에 답변할 수 있게 되므로, 이 페이지를 통해 꾸준한 업데이트가 필요합니다.

04 챗퓨얼(Chatfuel)

챗퓨얼은 페이스북 메신저 챗봇에 특화된 해외 봇빌더입니다. 어렵지 않은 인터페이스와 무료로 이용할 수 있다는 점 때문에 많은 업체들의 사랑을 받으며 사용되고 있습니다.

국내에서도 띵스플로우 회사에서 타로 챗봇인 라마마 챗봇 시리즈를 챗퓨얼을 이용하여 만들었으며, 200만 명이 넘는 사용자를 확보하고 있다고 합니다. 결국 챗봇을 만드는 데 있어서 기술의 요소보다 콘텐츠와 홍보, 운영의 중요성이 있음을 시사합니다.

서비스를 시작한 지 3년이 넘은 챗퓨얼은 그만큼 다양한 템플릿을 보유하고 있어서, 사용자들이 챗봇을 쉽게 만들 수 있는 다양한 편리한 툴과 플러그인을 제공하고 있습니다. 챗퓨얼에서 이야기하기로는 페이스북 메신저에서 구동되는 챗봇의 40%를 챗퓨얼에서 제공하고 있다고 합니다. 간편한 인터페이스뿐만 아니라 목업툴로써 사용하기에도 편리하다 보니 일견 일리가 있는 주장입니다.

[챗퓨얼 메인 페이지]

예전에는 페이스북 메신저뿐만 아니라 텔레그램도 연동이 되었는데, 현재는 페이스북 챗봇만 만들수 있게 변경되었습니다. [Get started for free]를 클릭하면 회원가입 절차가 나오고, 승인을 누르면 회원가입이 완료됩니다. 이때 페이스북 계정이 반드시 있어야 회원가입이 가능하며, 회원가입시 페이스북의 페이지 권한을 제공해야만 정상적인 서비스 이용이 가능합니다. 이 권한으로 해당 페이스북 페이지의 챗봇을 통해서 메시지를 보내거나 답변을 보낼 수 있습니다.

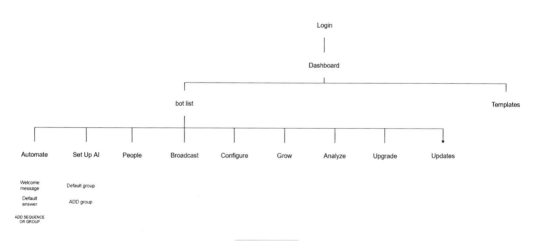

[챗퓨얼 구성도]

전체 구성은 위와 같이 되어 있습니다

[페이스북 계정 연동]

회원가입 후에 로그인을 하면 페이스북 페이지와의 계정 연동을 바로 권유하며, [CONNECT TO PAGE] 버튼을 클릭하여 기존에 가지고 있던 페이지와 봇을 바로 연결하거나 [Create a Facebook page] 버튼을 눌러서 페이스북 페이지를 만들 수 있습니다.

4.1 Dashboard(대시보드)

[초기 챗봇 목록이 있는 대시보드 화면]

대시보드는 봇을 새롭게 만들거나, 만들어 놓은 봇을 볼 수 있습니다. 대시보드 버튼 옆에는 모든 템플릿(All Templates), 추천(Featured), 새로운 템플릿(New), 기본(Basics), 마케팅(Marketing), 기업용(Business), 도구(Tools) 버튼이 있습니다.

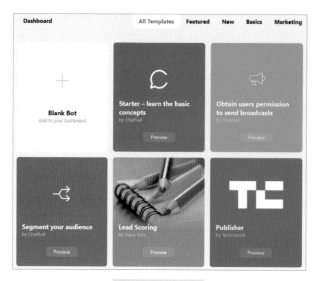

[다양한 템플릿의 제공]

여기서 의미하는 템플릿은 초심자가 봇을 조금 더 쉽게 만들기 위하여, 여러 질문과 답변을 가지고 있는 샘플 챗봇을 의미합니다. 예를 들어, 쇼핑 챗봇 템플릿은 주문, 예약, 취소, 배송 정보, 환불, 교환 등에 관한 내용이 있어서 만드는 사람이 이 내용을 자신에게 맞게 수정할 수 있도록 예시를 넣어 놓은 것을 의미합니다.

모든 템플릿은 템플릿 내에 있는 모든 것을 볼 수 있으며, 각 이름에 맞게 추천 템플릿이 있습니다. 따라서 자신의 상황에 맞는 템플릿을 이용하여, 봇의 텍스트 내용을 변경하여 챗봇을 만들면 조금 더 수월하게 만들 수 있습니다. 무료 템플릿 뿐만 아니라 유료 템플릿도 있기 때문에 필요한 템플릿이라면 구매하여 사용할 것을 권장합니다.

[Create from template]을 클릭하면, 다양한 템플릿과 질문&답변이 아무것도 없는 상태에서 시작할 수 있는 Blank Bot이 있습니다. 원하는 템플릿을 선택하거나, Blank Bot을 눌러 봇을 생성합니다.

4.2 Automate(자동화)

챗봇의 시나리오(룰베이스)를 제작할 수 있습니다. 버튼을 눌러서 질문과 답변을 하는 시나리오를 여기서 만들게 됩니다.

4.2.1 > Welcome Message(웰컴 메시지)

[Automate – 챗봇의 시나리오를 만들 수 있다]

챗봇에 처음 들어왔을 때 내보내는 메시지입니다. 처음 들어왔을 때 해당 메시지를 내보내기도 하고, 페이스북 메신저상에서 사용자가 대화 목록에서 삭제한 후에 다시 검색하여 들어왔을 때도 이 메시지를 내보냅니다.

4.2.2 > Default Answer(기본 대답)

[기본 대답]

폴백 메시지와 동일한 의미로 사용자가 알아들을 수 없는 말을 하거나, 답변이 준비되지 않았을 때 내보내는 내용을 설정하는 메시지입니다. 답변 추가는 하단의 'ADD Element'로 할 수 있으며, 많이 사용되는 답변 템플릿이 배치되어 있습니다. 그 외의 기능들은 [+] 버튼을 누르면 나옵니다.

❶ Pre-Built Flow

[하단의 Pre-Built Flow를 누르면 나온다]

자주 사용되는 타입의 블록을 추가할 수 있습니다.

- **Save Time by Automating Responses to FAQs**: 자주 묻는 질문에 대한 답변을 버튼식으로 구현할 때 쓰입니다. 3~10개 정도의 자주 묻는 질문을 세팅할 때 사용할 것을 추천합니다.
- **Increase Sales Using Messenger**: 고객의 전화번호 및 이메일을 수집하는 데 쓰입니다. 버튼을 누르는 것만으로 사용자가 손쉽게 자신의 이메일 주소를 보낼 수 있습니다. 여기서 이메일은 페이스북에 등록되어 있는 이메일입니다. 이외에도 챗봇의 동작이 멈추고 사용자가 상담하는 기능이나, 정보를 취합하고 관리자에게 이메일을 보내거나 구글 시트로 해당 정보를 보내는 기능 등을 넣을 수 있습니다.

❷ Text(텍스트)

[텍스트 카드]

텍스트 메시지를 넣을 수 있는 카드입니다. 페이스북 메신저 챗봇에서 텍스트를 내보내며, 모든 템플릿은 몇 글자까지 쓸 수 있는지 친절하게 오른쪽 아래에 표시됩니다. 텍스트는 640글자까지 쓸 수 있으며 버튼은 3개까지 넣을 수 있습니다. 버튼을 넣으면 버튼 템플릿으로 자동으로 변경됩니다.

❸ Typing(타이핑)

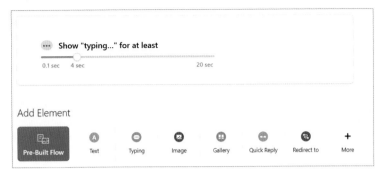

[타이핑]

질문이나 명령은 이해하였고, 답변하는 데 시간이 좀 걸린다는 느낌을 주기 위해 만들어 놓은 센더 액션 기능으로, 0.1초부터 20초까지 설정할 수 있습니다. 이 기능을 사용하지 않고 텍스트 말뭉치를 3~5개 내보내면 거의 모든 답변이 한 번에 올라가게 됩니다. 가독성이 떨어질 수밖에 없으므로, 시간을 두고 읽을 수 있도록 타이핑 카드를 넣는 것입니다.

❹ Image(이미지)

[이미지 카드]

이미지 메시지입니다. 이미지를 채팅창에 내보내게 되며, 움직이는 GIF 답변을 주면서 텍스트 답변을 같이 줄 때 많이 쓰입니다.

❺ Gallery(갤러리)

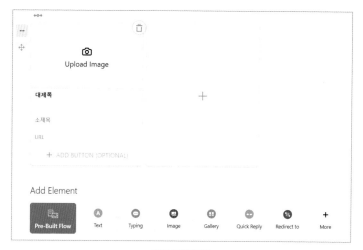

[갤러리 카드]

갤러리 카드는 일반 템플릿 답변을 내보냅니다. 카드 형태로 된 이미지 + 대제목 80글자 + 소제목 80글자와 함께 하단에 최대 3개의 버튼을 넣을 수 있습니다. 가장 다양하게 변화될 수 있는 카드인데, 오른쪽에 [+] 버튼을 누르면 슬라이드 형태로 10개까지 넣을 수 있습니다. 독립된 하나의 카드 형태로 답변을 줄 수도 있고, 대제목만 넣고 이미지는 안 넣어도 상관없으며, 대제목과 소제목만 넣어도 됩니다. 대제목은 필수로 넣어야 합니다. URL란에 주소를 기입하면 챗봇상에서 이미지를 눌렀을 때 링크 연결을 할 수 있습니다. 또한, 업로드 이미지를 누르면 1.91:1 사이즈와 1:1사이즈가 있어서 둘 중 선택하여 수정할 수 있습니다.

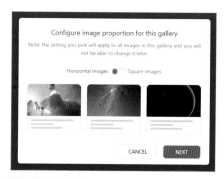

[갤러리 카드에서 '업로드 이미지(Upload Image)'를 누르면 직사각형과 정사각형 이미지 중에 선택하여 올릴 수 있다]

이미지 크기를 정하면 일괄적으로 옆의 슬라이드도 동일한 크기로 선택됩니다. 이는 슬라이드의 일관성을 위해서이고, 크기 차이로 인해 들쭉날쭉한 형태로 보이는 것을 방지하기 위해서입니다.

❻ Quick Reply(퀵 리플라이)

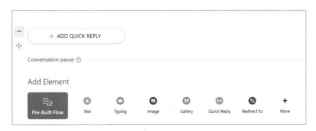

[퀵 리플라이]

빠른 버튼입니다. 빠른 답변만 독립적으로는 넣을 수 없고, 반드시 상단에 텍스트나 템플릿 답변이 포함되어야 하며, 제일 하단에 위치하게 되어 있습니다. 버튼을 누르면 사용자가 답변한 것으로 표기되며, 같이 나열되어 나온 다른 빠른 답변들은 사라집니다. 최대 10개까지 설정할 수 있습니다.

❼ Redirect to Block(블록으로 가기)

사용자를 다른 블록으로 다시 보냅니다. 한번 보내게 되면 그 사용자는 현재 블록에서 데이터를 받지 못하고 흐름이 최종 목적지 블록으로 계속 연결됩니다.

❽ 그 외의 다양한 플러그인 기능

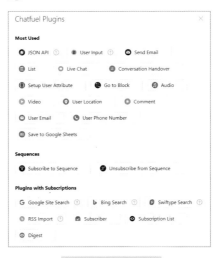

[다양한 챗퓨얼 플러그인]

이 외에도 페이스북 챗봇에서 음악 파일 메시지를 보내거나, 비디오 메시지를 보내거나, 사용자의 이메일 주소가 기입된 퀵 리플라이 버튼을 보내는 등 다양한 플러그인을 [+More] 버튼을 눌러 사용할 수 있습니다.

4.3 Set Up AI(AI 설정)

챗봇에서 타이핑하여 질문이나 명령을 하였을 때, 답변을 내보내거나 앞서 만들어 놓았던 블록의 답변이 나가도록 할 수 있습니다. AI 설정이나 자연어 이해 기술을 접목하여 유사한 질문에 대해서 답변을 주는 것은 아니고, 해당 키워드가 포함된 말을 하였을 경우에 답변이 나가는 구조로 되어 있습니다.

[왼쪽에는 사용자의 예상되는 발화를 넣고, 오른쪽에는 답변을 넣는다]

키워드는 유사한 형태로 여러 개를 넣을 수 있고, 답변 역시 풍부한 답변을 주기 위해서 랜덤으로 답변이 나가게끔 할 수 있습니다. 여러 개의 답변을 넣으면 여러 가지 중에 하나가 랜덤으로 답변이 나가게 되며, 상단에 bot replies randomly with라고 표기됩니다.

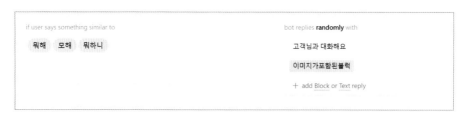

[답변도 블록을 지정한 블록 답변과 단순 텍스트 답변을 내보낼 수 있다]

단순한 텍스트 답변만으로 끝나면 사용자가 그 다음에 해야 할 말이 무엇인지 모르는 경우가 발생할 수 있으므로, 블록을 이용하여 버튼을 제공해서 가이드할 필요가 있습니다.

4.4 People(사람들)

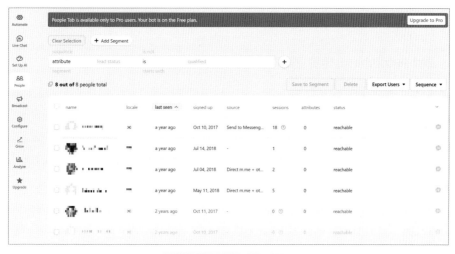

[들어온 사용자를 확인할 수 있다]

어떤 사용자들이 들어왔는지 확인할 수 있습니다. 챗봇에 들어온 사용자의 나라는 어디인지, 마지막으로 언제 들어왔는지, 무엇을 통해 들어왔는지 등을 알 수 있습니다. 유료로 결제하여 프로(Pro) 모델을 사용하면 더 자세한 내용을 볼 수 있습니다.

4.5 Broadcast(방송)

[사용자에게 메시지를 보낼 수 있다]

사용자에게 보낼 수 있는 알림 메시지를 설정할 수 있습니다. 즉시 보내는 방법(Deliver Your Message Now)부터 특정 날짜에 예약하여 보내는 방법(Schedule for Later) 등이 있습니다.

4.6 Configure(환경 설정)

여러 가지 환경 설정과 Pro 버전으로 업그레이드가 가능합니다.

4.6.1 > Bot Publishing(챗봇 연결)

봇과 연결을 하거나 연결을 끊을 수 있습니다. A라는 페이스북 페이지와 연결해서 운영을 하다가 연결을 끊고 B라는 페이스북 페이지와 연결해서 운영을 할 수도 있습니다.

4.6.2 > Upgrade to PRO(업그레이드 프로)

프로 버전으로 업그레이드할 수 있습니다. 무료 버전은 한 달에 사용자 5천 명까지만 답변을 제공하고 있으며, 이후 사용자에게는 답변이 나가지 않습니다. 따라서 이때 프로 버전으로 업그레이드를 하게 됩니다. 프로 버전의 주요 기능은 아래와 같습니다.

- 환영 메시지 및 영구 메뉴에서 챗퓨얼 브랜딩 제거
- 무제한 사용자
- 우선 지원
- 사용자 세그먼트를 통한 잠재 고객 통계
- facebook 광고를 위한 타깃 맞춤 잠재 고객 만들기
- 사용자 데이터 수동 편집
- 비활성 사용자를 삭제할 수 있는 기능

4.6.3 > Persistent Menu

[화면과 같이 3단계 – 5단계 – 5단계로 구성되어 있으며 끄고 킬 수 있다]

페이스북 챗봇의 하단에 나오는 버튼을 설정할 수 있습니다. 최대 3개의 하위 메뉴까지 설정할 수 있으며, 3개 – 5개 – 5개로 구성되어 있습니다. 총합으로 따지면 75개의 메뉴를 구성할 수 있으나 오히려 찾기 불편하므로 5~15개 사이로 구성하는 게 좋습니다.

4.6.4 > Time Zone

챗봇의 시간대를 설정합니다. 당연히 (UTC+09:00)Seoul을 선택하여 통계나 메시지 발송 시간대 예약에 차질이 없도록 합니다.

4.6.5 > Chat Extensions

채팅 확장 기능을 사용할 수 있습니다. 채팅 확장 기능을 사용하면 1:1대화나 그룹 채팅에서 웹 보기를 이용하여 더 많은 참여나 공유를 유도할 수 있습니다. 하지만 웹을 개별적으로 개발하고 개발된 링크를 여기에 입력하여 연동해야 합니다.

4.6.6 > Team

팀원을 초대하여 챗봇을 함께 관리하거나 새로운 관리자에게 챗봇 운영 권한을 넘길 수 있습니다.

4.6.7 > Domain Whitelisting

Messenger Extensions 및 Checkbox Plugin과 같은 기능을 사용하고자 하면 도메인 허용 목록을 지정해야 합니다. 일반적으로 챗봇과 연결되는 웹 주소의 도메인을 이곳에 추가하면 됩니다.

4.6.8 > Messenger Extensions URLs

메신저 확장 기능은 추가하는 URL에만 사용할 수 있습니다. 전체 URL을 지정하거나 관리자가 직접 특정 URL에 넣을 수 있습니다.

4.7 Grow(성장)

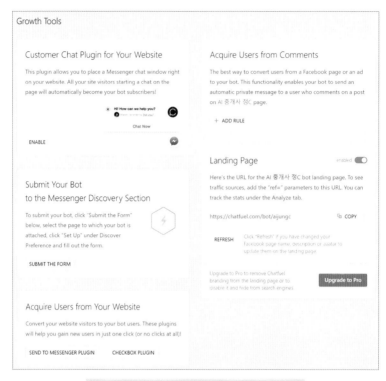

[챗봇이 보다 더 활성화되기 위한 기능들을 안내하고 있다]

챗봇이 보다 더 성장하기 위해 여러 가지 기능들을 페이스북에서 제공하고 있는데, 이와 관련된 링크나 자신들이 제공하는 기능을 안내하고 있습니다.

4.7.1 > Customer Chat Plugin for Your Website

이 플러그인을 사용하여 자신의 웹사이트에 메신저 채팅창을 달 수 있습니다. 일반적으로 오른쪽 아래 동그랗게 떠 있는 버튼을 의미하며, 버튼을 눌러서 바로 대화를 나눌 수 있습니다. 특히 웹 링크의 연결이 활성화된 답변이라면 매우 유용하게 사용할 수 있습니다.

4.7.2 > Acquire Users from Comments

페이스북 페이지나 광고에 댓글을 달면, 챗봇이 댓글을 단 사용자에게 자동으로 개인 메시지를 보낼 수 있습니다.

4.7.3 > Landing Page

챗퓨얼이 제공하는 랜딩 페이지입니다. 챗봇의 이미지와 함께 버튼 클릭 시 챗봇으로 넘어오게 할 수 있습니다. 제공하는 URL에 "ref=" 매개 변수를 추가하면 챗퓨얼에서 제공하는 분석 탭에서 통계를 확인할 수 있습니다.

[위와 같은 버튼을 웹 페이지에 넣을 수 있다]

4.8 Analyze(분석)

[챗봇에 대한 다양한 통계를 볼 수 있다]

챗봇으로 들어온 전체 통계를 볼 수 있습니다. 페이스북에서 제공하는 통계로 확인할 수도 있으나, 이 메뉴는 챗봇에서만 들어온 통계를 파악하기에 매우 좋습니다. 총 사용자 / 일 단위로 신규 사용자와 차단된 사용자 / 사용자의 활동 / 어디를 통해 들어왔는지 확인할 수 있는 출처 / 사용자가 꾸준히 들어왔는지 확인할 수 있는 사용자 보유 / 인기 있는 URL / 인기 있는 블록 / 인기 있는 버튼 등을 확인할 수 있습니다.

05 구글 다이얼로그플로우(Google Dialogflow)

구글 다이얼로그플로우는 처음에 Speaktoit라는 회사로 시작하여, 2016년 9월에 Google이 이 회사를 인수하였으며 초기에는 api.ai라는 서비스로 알려져 있었습니다. 그 후 2017년 10월에 다이얼로그플로우로 서비스명이 개명되었습니다. 페이스북, 슬랙, 텔레그램, 트위터, 라인과 연동하여 챗봇을 만들거나, 구글 어시스턴트에 연동하여 챗봇이나 음성봇을 만들 수 있습니다.

5.1 봇 생성하기

다이얼로그플로우를 이용하여 챗봇을 만들어보도록 하겠습니다. 사이트에 접속하면 오른쪽 위에 'Go to console'이라는 버튼이 있습니다.

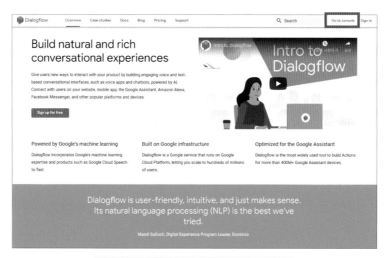

[챗퓨얼과 마찬가지로 모든 설명은 영어로 되어 있다]

[Go to Console] 버튼을 누르면, 구글 아이디를 이용하여 회원가입을 할 수 있습니다.

[계정에 액세스를 허용해야 한다]

계정에 액세스하도록 허용하면 회원가입을 하고 로그인을 할 수 있습니다.

[국가와 이용약관만 선택하면 사용할 수 있다]

로그인 후 국가를 선택하고 서비스 이용약관(Terms of Service)에 동의하면 다이얼로그플로우를 사용할 준비가 완료되었습니다. 뉴스나 팁을 받아 보려면 'News and Tips'에 체크하고, 다이얼로 그플로우의 개선을 위한 피드백 및 테스팅을 하려면 'Feedback and Testing'에 체크하면 됩니다. 이용약관에 동의 후 [Accept]를 눌러서 다이얼로그플로우 콘솔 화면으로 들어갑니다.

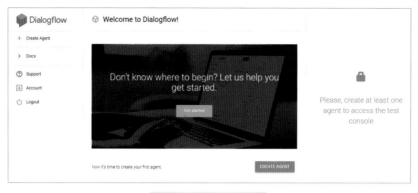

[다이얼로그플로우 콘솔 화면]

콘솔 화면에서는 [Get Started]를 눌러서 다이얼로그플로우의 설명서를 확인할 수 있으며 [Create Agent]를 눌러서 챗봇을 만들 수 있습니다. 위의 화면에서는 왼쪽에 Create Agent, Docs, Support, Account, Logout 버튼이 보이나, 모니터 화면이 작으면 아래 이미지의 왼쪽 위에 있는 버튼과 같이 [≡]버튼을 눌러야 해당 메뉴를 볼 수 있습니다.

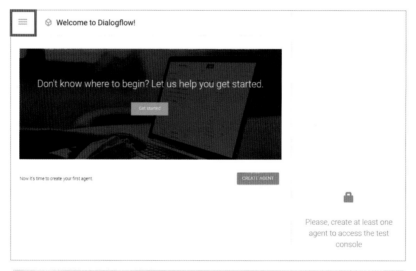

[모니터 화면 크기에 따라 반응형으로 한 번에 모든 걸 보여 주기도 하고, 버튼을 눌러야 보여 주기도 한다]

[Create Agent]를 눌러서 봇을 만듭니다. 여러 개의 봇을 만들 수 있으며, 각각 선택하여 봇의 내용을 변경할 수 있습니다. 하지만 봇을 여러 개 만들면 실수로 다른 것을 변경할 수도 있으니, 접속 시마다 어떤 봇이 선택되어 있는지 잘 확인하는 것이 중요합니다.

[다이얼로그플로우 봇 생성 화면]

[Agent Name]을 눌러서 봇의 이름을 정합니다. 이름은 초기에는 영문으로만 생성할 수 있으며 생성한 후에 이름을 다시 바꿀 수 있는데, 이때 한글로 바꿀 수 있습니다. 구글 클라우드 플랫폼과 연동되는 이름이라 초기 생성에서는 영문으로만 생성이 가능한 것이며, 생성 후에 리스트 관리 차원에서 한글로 봇의 이름을 바꿀 수 있습니다. 한국어로 제공하는 챗봇을 만든다고 가정하고 있으므로 Default Language(언어)는 Korean(South Korea) − Ko를 선택하여 한국어로 바꿉니다. Default Time Zone은 (GMT +9:00) Asia/Tokyo로 설정하면 됩니다. Google Project도 그대로 놔두면 됩니다. 이는 봇을 만들었을 때 저장할 컴퓨터가 필요한데, 구글 클라우드 플랫폼에 서버를 만들어서 데이터를 그곳에 저장하고 연결하는 것입니다. [Create] 눌러서 만듭니다.

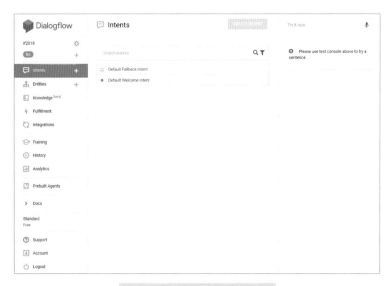

[다이얼로그플로우 봇 생성 후 초기 화면]

그러면 위와 같이 봇이 정상적으로 생성됩니다. 봇 생성까지 완료하였으니 이제부터 본격적으로 챗봇을 만들기 위한 항목을 정의해 보겠습니다.

❶ **Intents:** 발화 의도에 대해서 매칭된 답변이나 행동을 넣습니다. '오늘의 운세에 대해 알려줘', '오늘 운은 어떨까?', '오늘 내 운세 어때?' 등 예상되는 질문이나 '불 켜줘', '시동 꺼줘', '소리 높여줘' 등의 명령어를 넣고, 이에 매칭되는 답변도 넣습니다. 하나의 인텐트에 여러 예상 질문 및 명령과 그에 대응하는 답변 형식 하나를 넣게 되므로, 답변이 기준이라고 볼 수 있습니다. 물론 여러 개의 랜덤 답변을 넣을 수도 있는데, 여러 개의 발화/명령에 대해 매칭된 여러 개의 답변/수행이므로 정확히는 '하나의 의도'입니다.

❷ **Entities:** 단어 사전입니다. 위 인텐트에 들어가는 발화 중 핵심 단어이기도 하고, 유사 단어에 대한 묶음이기도 합니다. '오늘의 운세에 대해 알려줘'에서와 같이 단어별로 넣게 되며, 조사는 포함하지 않고 주로 명사를 넣게 됩니다. 엔티티 하나당 하나의 단어만을 넣는 것은 아니고, '밥'과 비슷한 의미로 사용되는 '진지'나 '식사'를 포함하거나, 자주 발생하는 오타를 포함하여 넣기도 합니다. 혹은, '남자친구'와 동일한 의미로 사용되는 줄임말인 '남친' 등을 넣기도 합니다.

❸ **Knowledge:** 베타 기능으로 에이전트 설정 페이지의 'Enable Beta Features and APIs'를 참고해야 합니다. 영문에서만 제공하는 기능으로, 홈페이지에 있는 FAQ 링크를 넣으면 자동으로 읽어서 인텐트 안에 질문/답변으로 생성해 주는 기능입니다.

❹ **Fulfillment:** 개발자들이 프로그래밍하여 API를 연동하거나 특정 액션을 수행하기 위하여 사용합니다.

❺ **Integrations:** 각 메신저 플랫폼과 연결합니다. 구글 어시스턴트는 물론이고, 페이스북 메신저, 슬랙, 라인, 텔레그램, 스카이프, 트위터 등 다양한 메신저와 연결이 가능합니다.

❻ **Training:** 폴백 메시지로 답변한 내용들이 이 안에 쌓이게 됩니다.

❼ **History:** 대화의 내용을 보여 줍니다.

❽ **Analytics:** 통계를 보여 줍니다. 24시간 동안의 총 세션 수와 사용자당 평균 메시지 수를 그래프로 어제, 최근 7일, 최근 30일 기준으로 볼 수 있으며, 자주 사용된 인텐트도 볼 수 있습니다.

❾ **Prebuilt Agents:** 미리 만들어진 봇을 의미하며, 이미 만들어진 3가지 종류의 봇(Small Talk, Support, Translate)을 제공하고 있습니다. 다시 말해, 약간의 대화가 가능하도록 다양한 샘플을 제공하고 있습니다. Small Talk는 일상 대화에 관한 샘플로 86개의 인텐트가 있고, Support는 회사의 연락처나 앱 이름 등을 묻는 샘플로 18개의 인텐트가 있습니다. Translate는 번역에 관한 질문을 하는 샘플입니다.

영어로는 이외에도 많은 샘플을 제공하고 있으나, 한글로 된 샘플은 앞의 3가지만 제공하고 있습니다. 또한, 한글이어도 한국인들이 질문할 것 같은 발화는 아니고, 영어식 표현이 일부 껴 있어서 활용도가 높지는 않습니다.

❿ **Docs:** 도움말을 제공합니다.

⓫ **Standard(Free):** 스탠다드 프리라고 나와 있으면 무료 버전을 사용하고 있는 것입니다. Enterprise Edition Essentials라는 유료 버전도 있습니다.

⓬ **Support:** 구글 클라우드 다이얼로그플로우팀에 문의사항을 남길 수 있습니다. 버그나 개선사항, 제안, 영업 문의를 남기면 답변이 옵니다.

⓭ **Account:** 자신의 계정 정보를 보거나 수정할 수 있습니다. 다이얼로그플로우 계정의 삭제도 여기서 할 수 있습니다.

이 외에도 봇 이름 옆에 톱니바퀴 모양의 설정 버튼이 있습니다. 설정 버튼을 누르면 봇의 이름 변경, 봇의 삭제, 언어 추가 등 다양한 설정을 할 수 있습니다.

5.2 Intents(인텐트)

카카오 오픈빌더에서는 시나리오에서 블록을 생성하고 관리하였다면, 다이얼로그플로우에서는 인텐트에서 이를 관리합니다. 그룹별로 따로 묶어서 보여 주지 않기 때문에 인텐트의 이름을 정하는 것이 상당히 중요하게 작용합니다.

[인텐트의 경우 한글로 이름을 정할 수도 있다]

인텐트는 첫 번째 단어는 대분류, 두 번째 단어는 중분류, 세 번째 단어는 상세한 내용을 담는 것이 좋습니다. 기본 예시에서도 그렇게 만들어 줄 뿐만 아니라, 필자도 이러한 방법으로 관리해 보니 관리가 용이했습니다. 다만, 관리자에 따라 다른 방법도 있을 수 있으니 다양한 방법을 시도해 보는 것도 좋을 것입니다.

Default Fallback Intent는 폴백 메시지를 정할 수 있습니다. 여러 가지 다양한 답변을 넣어서 답변을 풍성하게 하는 것도 좋습니다. Default Welcome Intent는 웰컴 메시지를 정할 수 있습니다. 초기 인사말을 내보내기에 전체 사용에 대한 안내를 제공하는 것이 좋습니다. 이 외의 인텐트를 생성하려면 Intents 옆에 있는 [+] 버튼을 누르면 생성 화면이 나타납니다.

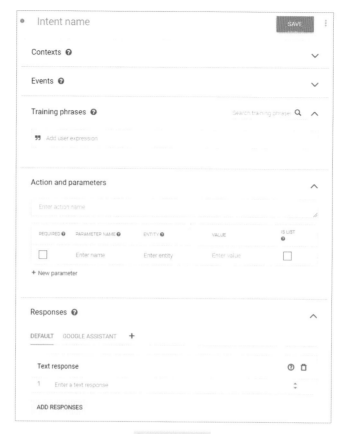

[Intents 전체 화면]

❶ **Intent Name:** 인텐트의 이름을 정합니다. 영문이나 한글 모두 가능합니다.

❷ **Contexts:** 대화의 문맥을 지정할 수 있습니다. 예를 들어, '오늘 날씨 어때?'의 질문 후에 '내일은?'이라는 질문에 답변을 정할 수 있습니다.

❸ **Training Phrases:** 훈련할 문구들로, 사용자가 말할 것으로 추측되는 예상 질문이나 명령을 넣게 됩니다. 적게는 1~3개에서 많게는 100여 개도 넣을 수 있습니다. 통상 15~20개 정도 넣어 줄 경우에 답변할 수 있습니다.

❹ **Action and Parameters:** 엔티티를 설정하였을 경우 자동으로 이 영역이 지정되어 들어갑니다. 개발자가 아니라면 이 영역에 손대지 않습니다.

❺ **Responses:** 답변을 설정합니다.

❻ **Fulfillment:** 해당 인텐트를 API 연동을 통해 외부 서버와 연결할 때 사용됩니다.

[Default(기본)부터 플랫폼별로 다른 답변을 설정할 수 있다]

Responses에서 질문에 따른 답변을 설정할 수 있는데, 기본부터 구글 어시스턴트나 페이스북, 전화, 슬랙, 텔레그램 등 다양한 플랫폼에 맞게 다른 답변을 제공할 수 있습니다. 답변 또한 각 플랫폼에 맞는 여러 가지 템플릿을 제공하고 있으며, 1개가 아닌 여러 개의 답변을 넣을 수 있습니다. 최대 30개까지의 텍스트 답변을 넣을 수 있으며, 이렇게 다양한 표현의 답변을 넣음으로써 딱딱하고 재미없는 일괄적인 답변에서 벗어나 사람의 느낌으로 표현력이 풍부한 답변을 제공할 수 있습니다.

[구글 어시스턴트의 경우 텍스트 답변과 음성 답변을 각각 설정할 수 있다]

구글 어시스턴트는 화면상에서 안내하는 답변과 음성으로 안내하는 답변을 다르게 설정할 수 있습니다. 이렇게 각 플랫폼에 맞는 템플릿과 다른 답변을 제공하기는 하나, 그만큼 많은 답변을 별도로 설정해야 하는 어려움이 있을 수 있기에 일반적인 것은 DEFAULT로, 템플릿을 제공하는 경우에는 개별적으로 제공하는 것이 운영상 수월할 것입니다.

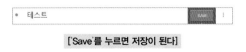

['Save'를 누르면 저장이 된다]

이렇게 넣은 예상 질문들과 답변은 Save를 누르면 저장됩니다.

[오른쪽 위에 버튼을 누르면 삭제도 가능하다]

[Save] 버튼 옆에 점 세개 버튼을 누르면 삭제하거나, 해당 인텐트에 대해 머신러닝을 켜고 끄는 것도 가능합니다. [Cancel]을 누르면 수정하던 것을 취소하고 인텐트 목록 화면으로 넘어갑니다. 이미 생성한 인텐트를 클릭하면 화면이 전환되면서 해당 인텐트에 들어가서 수정할 수 있습니다.

5.2.1 > Default(기본) 답변

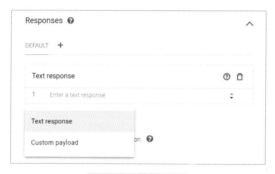

[2가지 종류의 기본 답변]

기본 답변으로는 Text Response와 Custom Payload 두 가지를 사용할 수 있습니다. Text Response는 텍스트 답변을 설정할 수 있으며, Custom Payload는 JSON이라는 데이터 표현 방식을 사용하여 입력하게 됩니다. Custom Payload를 사용하면 해당 메신저 플랫폼에 맞춰서 다양한 표현이 가능하긴 합니다만, 데이터 표현 방식을 어딘가에서 복사하여 붙여넣기를 한다고 하더라도 그냥 적용되는 것은 아니고 개발자가 중간에서 사용이 가능하도록 해줘야만 합니다.

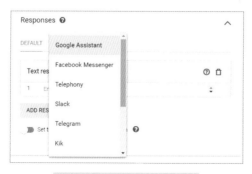

[Responses의 다양한 메신저 플랫폼]

Default를 제외한 각각의 메신저 플랫폼을 선택하면 위와 같은 버튼이 나옵니다. 버튼을 활성화하면 Default 탭에 있는 답변이 먼저 나간 후에, 각각의 메신저 탭에 넣어 놓은 답변이 연속해서 나갑니다. 따라서 구글 다이얼로그플로우를 기본 엔진으로 하여 다양한 메신저 플랫폼에 연결한다면, 공통적이고 단순한 텍스트 답변은 Default에 넣어 놓고, 각 메신저 플랫폼별로 다른 답변이 필요한 경우에는 탭을 추가하여 슬라이드 형태나 버튼을 추가로 넣어 주면 됩니다.

5.2.2 > Google Assistant

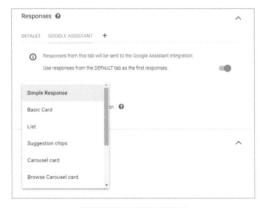

[Google Assistant의 답변]

구글 어시스턴트의 답변은 10가지 타입을 제공하고 있습니다. 구글 다이얼로그플로우는 구글 어시스턴트를 메인으로 두고 있기에 다양한 형태가 존재하는 것입니다. 특정 형태로 답변을 넣으면 구글 어시스턴트 앱에서 해당 형태로 보이며, 물론 구글 홈에서는 텍스트 답변만 나가므로 신경을 써야 할 부분이 많습니다.

❶ Simple Response

[텍스트 답변과 음성 답변을 분리하여 입력할 수 있다]

Simple Response는 텍스트 답변과 음성 답변을 입력할 수 있습니다. 구글 어시스턴트의 경우에는 답변을 2가지 타입으로 내보내어 텍스트로 보일 뿐만 아니라 음성으로 답변하기도 합니다. 텍스트만 넣었을 경우에는 음성에서도 동일하게 텍스트 답변이 나가며, 분리하여 입력할 수도 있습니다. 텍스트는 읽어서 답변의 내용을 이해할 수 있으나, 음성은 들어서 이해해야 하므로 텍스트보다 더 짧게 말하거나, 보다 더 길게 말하는 센스가 필요합니다.

[1개만 넣기도 하고, 여러 개를 넣을 수도 있다]

최대 30개의 답변을 넣을 수 있으며, 넣은 만큼 랜덤으로 답변이 나갑니다. 텍스트 답변을 여러 개 나눠서 넣고 싶은 경우에는 Simple Response를 여러 개 넣으면 됩니다. 텍스트 답변에서 줄 바꿈을 하고 싶은 경우에는 Shift 버튼을 누른 후에 Enter↵를 눌러 주면 됩니다.

❷ **Basic Card**

[반드시 Simple Response를 포함해야만 답변을 만들 수 있다]

하나로 된 기본 카드 답변이 나갑니다. 구성은 카드 형태로 되어 있으며, 반드시 [Simple Response]를 포함해야만 인텐트를 저장할 수 있습니다. 다만, 앞서 설명하였던 [Use response from the DEFAULT tab as the first response] 기능을 켰다면 Default에 있는 텍스트 답변이 먼저 나가게 되므로 추가로 Simple Response를 넣을 필요가 없습니다. 케로셀 형태로는 만들지 못하며, 케로셀 형태를 원할 경우에는 케로셀 카드나 브라우즈 케로셀 카드를 선택하면 됩니다.

❸ List

[2개 이상의 리스트를 구성해야 만들 수 있다]

구성은 리스트 형태로 되어 있으며, 반드시 Simple Response를 포함해야만 답변을 넣을 수 있습니다. 리스트 템플릿은 2개 이상의 아이템(버튼)을 넣어야 만들 수 있습니다. 마치 케로셀 형태의 답변에서 1개만 넣어서는 등록이 되지 않는 것과 동일하다고 볼 수 있습니다.

❹ Suggestion Chips

[Suggestion Chips는 다른 답변과 함께 있어야 한다]

Suggestion Chips는 카카오톡 챗봇에서의 바로 연결 응답 버튼, 페이스북 챗봇에서의 빠른 답장 역할을 합니다. 답변을 내보낸 후에 다시 다음 답변을 유도하는 버튼이므로, 반드시 답변이 포함되어 있어야 합니다. 또한, 타 챗봇들과 다르게 최대 8개까지만 넣을 수 있습니다.

❺ Carousel Card

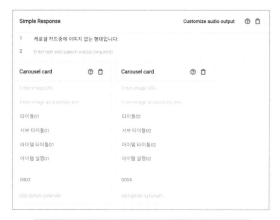

[Carousel Card는 다양한 조건을 만족해야 만들 수 있다]

캐로셀 카드는 슬라이드 형태로 되어 있습니다. 반드시 Simple Response를 포함하고 2개 이상의 아이템(버튼)을 넣어야 인텐트를 저장할 수 있습니다. 그리고 아이템 타이틀은 서로 달라야만 합니다. 이름이 같은 경우에는 에러 메시지가 뜨며, 저장되지 않습니다.

❻ Browse Carousel Card

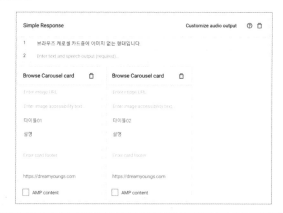

[Browse Carousel Card도 Carousel Card와 같이 다양한 조건을 만족해야 만들 수 있다]

Browse Carousel Card 역시 구성은 슬라이드 형태로 되어 있습니다. Simple Response를 포함하고 반드시 2개 이상의 아이템(버튼)을 넣어야 인텐트를 저장할 수 있으며, 아이템 타이틀이 같은 경우에는 에러 메시지가 뜨고 저장되지 않기 때문에 반드시 아이템 타이틀이 달라야만 합니다. 또한, 웹 링크를 연결하게 되어 있어, 케로셀 형태인데 웹을 연결해야 할 경우 이 Browse Carousel Card를 쓰게 됩니다.

❼ Link Out Suggestion

[Link Out Suggestion의 경우 빠른 버튼에 링크를 심을 수 있게 되어 있다]

구성은 Suggestion Chips와 동일하게 빠른 버튼 형태를 하고 있습니다. 일반적이지는 않지만, Link Out Suggestion은 빠른 버튼의 형식으로 링크를 심을 수 있습니다. 구글 어시스턴트를 사용해 보면 빠른 버튼 처음에는 '검색', 끝에는 '의견 보내기'를 볼 수 있는데, 이 버튼을 누르면 웹으로 넘어갑니다. 이 답변은 이와 같은 방식으로 사용할 수 있습니다. Link Out Suggestion 역시 반드시 Simple Response를 포함해야만 인텐트를 저장할 수 있습니다.

❽ Media Content

[음악을 들을 수 있게 하는 템플릿이다]

음원 파일을 내보낼 때 사용하는 형식입니다. 이미지와 뮤직 플레이어 버튼 형식으로 구성되어 있으며, 이미지는 큰 이미지 파일과 아이콘 파일 중 선택하여 넣을 수 있고 없어도 상관없습니다. 반드시 Simple Response와 Suggestion Chips를 포함해야만 인텐트를 저장할 수 있습니다.

❾ Custom Payload

[Custom Payload를 통해서 템플릿만으로 해결이 안 되는 기능을 쓸 수 있다]

구글 어시스턴트는 이미 다양한 템플릿이 있어서 크게 사용할 일은 없지만, 필요에 따라 사용할 수는 있게 되어 있습니다.

❿ Table Card

[구글 어시스턴트에서 표를 만들 수 있다]

표를 만들 수 있으며 반드시 Simple Response를 포함해야만 인텐트를 저장할 수 있습니다.

5.2.3 > Facebook Messenger, Slack, Telegram, Kik, Viber, Skype, Line

다른 메신저 플랫폼 답변에서는 5가지 타입을 제공하고 있습니다.

[메신저별로 동일하게 5가지의 템플릿을 제공하고 있다]

❶ **Text Response:** 텍스트만 입력할 수 있습니다. 2개의 분류된 텍스트를 넣을 경우 Text response를 2개 넣으면 됩니다.

❷ **Image:** 이미지만 넣을 수 있으며, 이미지의 링크를 넣는 구조로 되어 있습니다.

❸ **Card:** 베이직 카드처럼 이미지 링크와 대제목, 소제목을 넣을 수 있습니다. 버튼을 넣고 싶은 경우에는 버튼의 이름과 URL이나 텍스트 발화를 넣게 됩니다.

❹ **Quick Replies:** 빠른 버튼을 넣을 수 있으며, 반드시 앞서 텍스트나 이미지 등의 다른 답변을 같이 넣어 줘야 합니다.

❺ **Custom Payload:** Default 답변에 있는 Custom Payload와 동일하나, 메신저 플랫폼별로 기본값의 JSON을 넣어 주고 이에 맞춰서 수정하여 사용합니다.

5.3 　Entities(엔티티)

카카오 오픈빌더에서 소개한 것과 같이 엔티티를 설정할 수 있습니다. 시스템 엔티티의 경우는 자동으로 설정이 되며, 별도로 끄거나 켤 수 없는 구조로 되어 있습니다. 엔티티의 이름은 개발과 연관성 있게 작동하므로, 반드시 영문으로만 설정할 수 있습니다.

[각 엔티티의 이름은 반드시 영문으로만 설정할 수 있다]

엔티티는 인텐트와 긴밀하게 작동하므로, 인텐트에서 사용 중인 엔티티는 사용 중인 인텐트를 지워야만 엔티티 삭제가 가능합니다. 또한, 인텐트에 먼저 예상되는 질문이나 명령을 넣은 후에 나중에 엔티티를 추가하여도 일정 시간이 지나면 자동으로 반영이 되는 편리함이 있습니다.

5.4 　Fulfillment

개발자가 외부 서버와 연결하여 액션을 취할 때 사용합니다. 기간계 시스템과 연동하여 챗봇을 사용하는 사용자의 정보를 제공하거나, 외부 서버에 있는 정보를 끌어와서 사용자에게 제공하거나, 챗봇에서 사용자의 정보를 받아와서 정보를 보낼 때 사용합니다. 가령, 통신사가 개발한 챗봇에서 사용자의 전화번호를 묻고 해당 정보를 토대로 기간계 시스템에 해당 사용자의 정보를 호출하면, 이를 통해 사용자의 이번달 핸드폰 요금 정보를 제공할 수 있습니다.

[Fulfillment는 개발자 영역이다]

5.5　Integrations(통합)

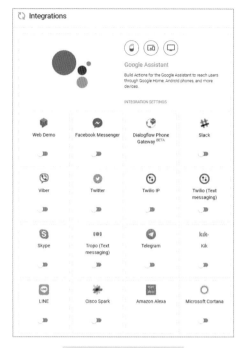

[다양한 기기와 연결할 수 있다]

웹이나 페이스북 메신저, 슬랙, 라인, 스카이프, 텔레그램 등 다양한 기기와 연결할 수 있습니다. 목록에는 없지만 카카오톡도 연결할 수 있으며, 많이 사용하지 않는 플랫폼을 이용해서 연동하면 좋습니다.

5.6　Training(학습)

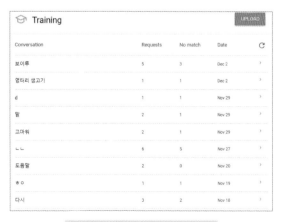

[모든 폴백 메시지는 Training에 쌓인다]

매칭되지 못한 답변들이 여기에 쌓입니다. 모든 폴백 메시지는 Training에 쌓이게 되며, 각 Conversation(대화)별로 Requests(요청)가 몇 번이었는지, 그중에 No match(매칭되지 못한)가 몇 번인지 알 수 있습니다.

[Conversation(대화)별로 버튼을 누르면 요청 개수에 맞는 사용자의 발화가 들어 있다]

각각의 대화를 누르면 별도의 창이 뜹니다. 사용자들이 남긴 질문이나 명령을 볼 수 있으며, 매칭이 된 것과 매칭이 되지 않은 것 모두를 포함하여 보여 줍니다.

['Click to Assign'을 누르면 인텐트 목록이 나온다]

빨간색 글씨로 Intent라고 뜨는 대화는 매칭이 되지 못한 발화입니다. 이때 옆에 파란색으로 쓰인 [Click to Assign]을 누르면 기존에 등록해 뒀던 인텐트 목록이 나오고, Filter(필터)로 인텐트를 검색할 수 있습니다. 아래에는 새롭게 인텐트를 생성할 수 있도록 [+Create New] 버튼이 있습니다.

[Filter에서 kkk로 검색하여 'ㅋㅋㅋㅋㅋㅋㅋㅋ'라는 발화를 업데이트하고자 했다]

각 User Says에 대해 인텐트를 선택하면 Approve(승인)가 활성화되며, 버튼을 누르면 업데이트가 됩니다.

[User Says 영역은 수정이 가능하다]

또한, 사용자가 말한 것을 그대로 인텐트에 무조건 업데이트하는 것이 아닌, User Says 안에 있는 텍스트를 적절하게 수정하여 업데이트할 수 있으므로 오타나 어법에 맞지 않는 경우 적절하게 수정하여 업데이트할 수 있습니다.

[오른쪽에 체크 버튼과 취소 버튼이 있다]

오른쪽에 체크 버튼을 눌러서 여러 가지를 선택 후 업데이트할 수 있고, 취소 버튼을 누르면 매칭된 인텐트가 취소되고 폴백으로 가게 됩니다. 쓰레기통처럼 생긴 아이콘을 누르면 삭제할 수 있습니다. 이러한 구조는 사용자의 발화에 대해 완벽하게 매칭된 답변을 주는 것이 아닌, 확률적으로 사용자의 발화에 대해 형태소 분석하고 자연어를 이해해 보니 70~80%에 해당하여 답변이 맞는 것 같을 때도 답변을 줍니다. 따라서 오류가 있을 수도 있으며, 오류를 발견하였을 시에는 매칭이 안 되게 한다거나, 매칭이 안 된 질문에 대해서 매칭이 되게끔 수정할 수 있어야 합니다. 세심하게 필터를 이용하여 인텐트를 검색해 사용자의 발화를 수정하거나 매칭된 질문을 매칭 안 되게 하고 매칭이 되지 않은 질문에 대해 매칭되게 해 놓았습니다.

이러한 방식으로 폴백 메시지를 지속적으로 업데이트하여, 챗봇의 답변 능력을 강화해 나갈 수 있습니다.

5.7　History(히스토리)

사용자들과 봇이 나눈 대화 흐름을 볼 수 있습니다. Training과 비슷한 점은 사용자가 말한 내용을 볼 수 있다는 점이고, 다른 점은 대화의 내용을 모두 볼 수 있고 사용자에게 어떠한 답변이 나갔는지 확인할 수는 있으나 매칭되지 못한 폴백 메시지를 업데이트할 수 없다는 점입니다. 사용자가 챗봇과 대화한 내용을 볼 수 있을 뿐, 개인 정보를 챗봇에게 말하지 않는 이상 해당 사용자의 프로필이나 개인 정보를 알 수 없습니다.

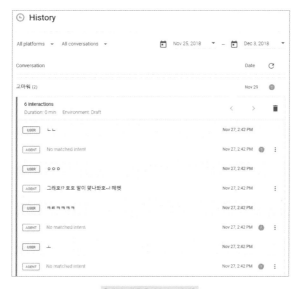

[대화 내용을 볼 수 있다]

대화 내용을 플랫폼별로 나눠서 볼 수 있기도 해서 구글 어시스턴트를 통한 대화인지 라인을 통한 대화인지 구분하여 대화 목록을 확인할 수도 있습니다. 또한, 모든 대화 내용을 보거나 매칭되지 않은 대화만 별도로 구분하여 볼 수도 있습니다. 기간을 정할 수 있기에 특정 기간의 대화 내용을 살펴볼 수 있다는 장점이 있습니다.

[답변이 나간 경우에는 해당 인텐트로 넘어가서 수정하거나 확인할 수 있다]

앞의 이미지처럼 답변이 정상적으로 나갔지만 엉뚱한 답변이 나간 경우에는 점 세개 버튼을 눌러서 [Go to Intent]로 넘어가서 수정할 수 있습니다. 또한, [Raw Interaction Log]를 통해 로그를 살펴볼 수 있습니다.

5.8 Analytics(통계)

챗봇의 통계를 살펴볼 수 있습니다. 사용자가 얼마나 들어왔는지, 한번 들어온 사용자의 세션은 어느 정도 되는지 확인할 수 있으며, 많이 사용된 인텐트를 확인할 수 있습니다.

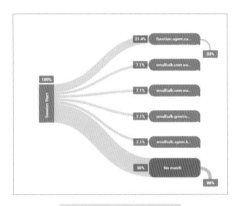

[봇의 흐름도도 확인할 수 있다]

또한, 사용자가 봇에서 어떠한 질문을 많이 했는지, 그다음으로 연결되는 액션에는 어떤 것이 많은지 이에 대한 흐름도를 파악할 수도 있습니다.

5.9 Prebuilt Agents(미리 만들어진 봇)

챗봇 샘플을 다운로드받아서 자신의 봇에 적용할 수 있습니다.

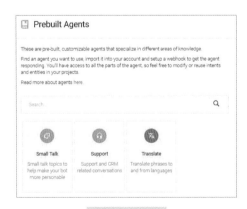

[3종류의 봇이 있다]

영어 버전의 경우는 다양한 종류의 예시 봇들이 있으나 한국어로 된 봇은 3종류밖에 없습니다. 구글 다이얼로그플로우의 메인은 아무래도 구글 어시스턴트와 웹 버전일 가능성이 크기 때문에, 다양한 발화에 대해 답변이 나가야 한다는 점에서 버튼식으로 된 플로우보다 인텐트가 많은 봇 예시로 구성되어 있습니다.

5.9.1 > Small Talk

[Small Talk에는 위와 같은 예시들이 있다]

Small Talk는 일상대화에 관한 샘플입니다. 따라서 '나이가 몇 살이니?', '도와줘', '누가 만들었어?', '자야겠다' 등의 질문 예시들이 들어가 있습니다. 86개의 인텐트가 있고 각 인텐트에 10~15개 가량의 예상 질문이 들어가 있으므로 1,000개가량의 예시가 있는 것입니다. 답변은 비어 있으므로 각 인텐트에 들어가서 답변을 채워 주면 됩니다. 안타깝게도 질문의 예시 스타일이 미국식으로 되어 있어서 활용도가 매우 높은 편은 아니지만, 참고할 만합니다.

[Import를 누르면 위와 같은 창이 뜬다]

Small Talk는 Import를 누르면 현재의 봇에 바로 적용되는 것이 아니고, 위와 같이 구글 프로젝트 어디에 둘 것인지부터 나옵니다. 이때 다른 것을 누르지 않고, OK를 누르면 됩니다. 다이얼로그 플로우의 내용을 GCP 어디에 둘 것인지 묻는 것인데 어차피 삭제할 예정이므로 신규 구글 프로젝트를 만드는 것으로 봇을 만들면 됩니다.

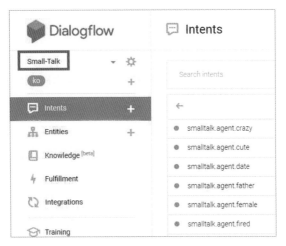

[봇을 새로 생성했다]

앞서 OK 버튼을 눌렀을 때 봇이 새롭게 생성되는 이유는 기존에 만들던 봇에 인텐트가 들어가면 관리가 어려워지기 때문입니다. 인텐트를 살펴보고 삭제하거나 수정해야 하는 상황이 발생하는데, 기존 인텐트와 무분별하게 섞일 수 있기에 그렇습니다. 그러므로 신규로 생성된 봇에서 수정 및 가공을 완료했다면, 다운로드받은 후 다시 본래의 봇에 업로드하여 적용하는 방법을 사용하게 됩니다.[15]

5.9.2 > Support

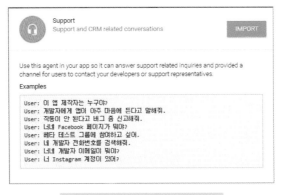

[Support를 누르면 위와 같은 내용이 뜬다]

Support는 회사의 연락처나 고객 응대를 위해서 많이 쓰이는 질문들을 넣어 놓은 샘플입니다. 18개의 인텐트가 있으며, 문맥에 맞는 샘플도 있습니다. 가령, '연락처를 알려줘'라고 하면 '어떤 연락처를 알려드릴까요?'라고 답변하고, 이때 '이메일'이라고 답변했을 경우에 이메일 주소를 알려 주는 대화의 흐름에 맞게 답변을 주는 것입니다.

---

15 봇의 업로드 방법은 [설정]란에 있다.

5.10 Docs

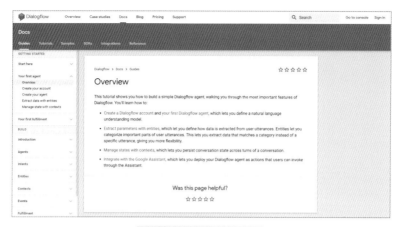

[다양한 도움말을 제공하고 있다]

다이얼로그플로우의 도움말을 제공하고 있는 메뉴입니다. 상당히 많은 분량으로 어떤 식으로 만들면 좋을지 추천도 하고 사용 방법에 대한 가이드를 제공합니다.

5.11 Standard (Free)

무료로 사용하고 있다면 Standard(스탠다드)라고 나오고 유료를 사용하고 있다면 Enterprise(엔터프라이즈)로 나올 것입니다.

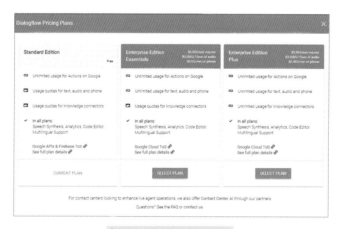

[단계별 과금제를 채택하고 있다]

3단계로 나뉜 단계별 과금제를 사용하고 있고, 금액에 대해 자세하게 안내하고 있습니다.

5.12 Support (문의 사항)

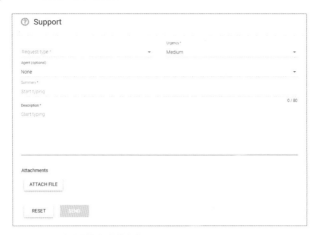

[다이얼로그플로우팀에 문의 사항을 남길 수 있다]

다이얼로그플로우팀에 문의 사항을 남길 수 있습니다. 문제 해결, 가이드, 버그나 기능 요청, 계정 문의, 영업 문의 등 다양한 문의를 남기면 답변이 옵니다. 한글로 문의를 남겨도 구글팀에 있는 한국어를 할 줄 아는 분에게 답변을 받아 본 경험이 있으므로 너무 부담 갖지 말고 문의를 남겨도 됩니다.

5.13 Account (계정)

자신의 계정 정보를 보거나 수정할 수 있습니다. Profile에서는 이름, 성, 회사, 전화번호를 입력하거나 수정할 수 있습니다. Account Settings에서는 다이얼로그플로우 계정을 삭제하거나, 뉴스 소식 받기, 다이얼로그플로우 개선을 위한 테스팅이나 피드백에 참여하기를 끄거나 켤 수 있습니다.

5.14 설정

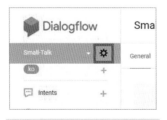

[톱니바퀴 모양의 아이콘을 누르면 된다]

왼쪽 봇의 이름 옆에 톱니바퀴 모양을 누르면 설정으로 들어갈 수 있습니다.

5.14.1 > General (일반)

General   Languages   ML Settings   Export and Import   Speech   Share   Advanced

DESCRIPTION

Describe your agent

DEFAULT TIME ZONE

(GMT+9:00) Asia/Tokyo

Date and time requests are resolved using this timezone.

GOOGLE PROJECT

Project ID

Service Account ❓

API VERSION

V2 API
Use Cloud API as default for the agent. Your webhook will receive V2 format requests and should return V2 format responses.

V1 API
Legacy APIs

BETA FEATURES

Enable beta features and APIs

Be the first to get access to the newest features and latest APIs. (Full V2-beta API reference)

API KEYS (V1)

Client access token

Developer access token

LOG SETTINGS

Log interactions to Dialogflow
Collect and store user queries. Logging must be enabled in order to use Training, History and Analytics.

Log interactions to Google Cloud
Write user queries and debugging information to Google Stackdriver.

[General 메뉴]

로고, 구글 프로젝트 아이디, 챗봇에 설정된 시간, API 버전, 로그 세팅을 확인할 수 있습니다.

❶ **이미지:** 로고나 아바타 이미지를 넣을 수 있습니다.

❷ **Description:** 봇에 대한 설명을 써넣을 수 있습니다.

❸ **Default Time Zone:** 챗봇의 설정된 시간대를 확인하거나 변경할 수 있습니다.

❹ **Google Project:** 프로젝트 아이디를 확인합니다. 구글 클라우드 플랫폼에 이 봇의 내용이 기록됩니다.

❺ **API Version:** API 버전을 확인하고 변경할 수 있습니다. V1 API에서 V2 API로 변경할 수 있으나, V2 API에서 V1 API로 변경하지는 못합니다.

❻ **Beta Features:** 베타 기능을 켜거나 끌 수 있으며, 최신 기능과 최신 API에 대한 액세스 권한을 먼저 얻을 수 있습니다. 이 기능을 켜야만 Speech 설정을 할 수 있습니다.

❼ **API Keys:** V1의 API 키를 확인할 수 있습니다.

❽ **Log Settings:** 로그 세팅을 할 수 있습니다. Log Interactions to Dialogflow는 사용자 쿼리를 수집하고 저장합니다. Training, History 및 Analytics를 사용하려면 로깅을 사용하도록 설정해야 합니다. 혹시라도 Training, History, Analytics에 내용이 보이지 않는다면 이 기능이 꺼져 있는 것입니다. Log Interactions to Google Cloud는 사용자 쿼리 및 디버깅 정보를 Google Stackdriver에 기록합니다.

5.14.2 > Languages(언어)

현재 설정되어 있는 기본 언어를 확인하고, 그 외의 언어를 추가할 수 있습니다. 언어를 바꾸면 사용자의 발화나 답변 모두 처음부터 다시 설정해야 합니다. 언어의 종류는 Danish(덴마크어), German(독어), English(영어), Spanish(스페인어), French(프랑스어), Japanese(일어), Korean(한국어) 등 총 20개의 언어가 있습니다.

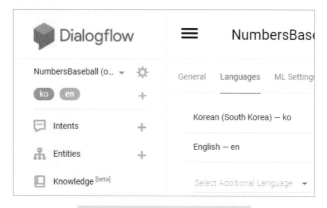

[왼쪽 봇의 이름 아래 ko 외에도 en이 생겼다]

언어를 추가하면 봇 이름 아래에 추가한 언어가 노출되며, 해당 버튼을 눌러서 그 언어의 질문과 답변을 추가할 수 있습니다. 언어뿐만 아니라 지역에 따라 다른 말투와 내포하는 의미를 감안하여 몇몇 언어는 장소를 설정할 수 있습니다. 영어의 경우 미국, 캐나다, 호주, 영국, 인도를 선택할 수 있으며, 스페인의 경우에는 중남미와 유럽을 선택할 수 있습니다.

5.14.3 > ML Settings(머신러닝 설정)

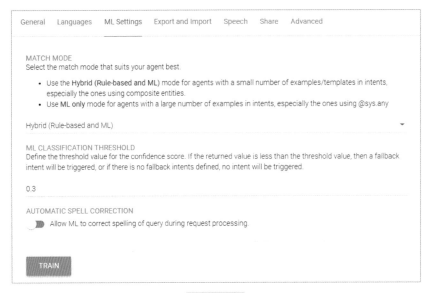

[ML Settings]

ML(Machine Learning, 머신러닝)에 관한 세팅을 할 수 있습니다.

❶ **Match Mode(매치 모드):** 봇에게 가장 적합한 모드를 선택할 수 있습니다. 인텐트 안에 예시/템플릿이 적은 봇의 경우에는 하이브리드(규칙 기반 및 ML) 모드를 사용하는 게 좋습니다. 인텐트 안에 많은 예제가 있고, 특히 @Sys.Any 엔티티를 사용하는 봇의 경우에는 ML Only 모드를 사용하는 게 좋습니다.

❷ **ML Classification Threshold(머신러닝 분류 임계값):** 신뢰도 점수에 대한 임계값을 정의할 수 있습니다. 반환되는 값이 임계값보다 수치가 낮으면 폴백 메시지로 답변이 나가거나, 폴백 메시지가 없는 경우에는 답변이 나가지 않습니다. 보다 쉽게 설명하면 0.6이라는 수치일 때, 인텐트에 넣어놓은 예상 발화와 실제 사용자의 발화에 대해 일치율을 머신러닝하여 60% 이상 유사하면 답변을 내보내고, 60% 미만일 경우에는 폴백 메시지 답변을 내보내게 됩니다.

❸ **Automatic Spell Correction(자동 오타 교정):** 머신러닝이 사용자의 발화에 대해 답변할 때, 철자가 틀렸을 경우 수정하고자 시도하는 것을 뜻합니다. 체크를 하면 자동으로 맞춤법 검사를 사용하게 됩니다. 다만, 아직 한국어에 대해 잘 해줄지는 모르겠습니다.

5.14.4 > Export and Import(보내기&가져오기)

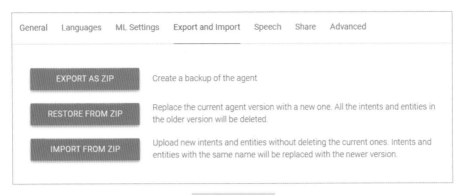

[Export and Import]

인텐트와 엔티티를 업로드/다운로드하거나, 기존 파일을 모두 삭제하고 새로운 파일로 업로드할 수 있습니다.

❶ **Export as Zip(보내기):** 봇의 백업 파일을 만들 수 있습니다. 즉, 생성해 놓은 봇의 인텐트와 엔티티를 다운로드받을 수 있습니다.

❷ **Restore from Zip(교체하기):** 현재 봇의 버전을 새로운 봇의 버전으로 바꿉니다. 이전 버전의 모든 인텐트와 엔티티는 삭제됩니다.

❸ **Import from Zip(가져오기):** 현재 인텐트와 엔티티를 삭제하지 않고 새로운 인텐트와 엔티티를 업로드합니다. 같은 이름을 가진 인텐트와 엔티티는 모두 새로운 버전으로 변경되어 반영됩니다.

5.14.5 > Speech(음성)

[Speech]

앞서 설명한 설정 기본 페이지에서 반드시 Beta Features 기능을 켜야만 사용할 수 있습니다.

❶ **Improve Speech Recognition Quality(음성 인식 품질 향상):** 이 기능을 켜면 향상된 음성 모델 및 데이터 로깅을 사용할 수 있습니다. 고급 모델을 사용하려면 API 요청에서 음성 모델을 지정해야 합니다. 음성 모델을 지정하지 않으면 이 버튼을 켜는 것조차 활성화되지 않습니다.

❷ **Text to Speech(텍스트를 음성으로 변환):** 이 기능을 켜면 자동으로 텍스트를 음성으로 변환하여 줍니다. 모든 대화에서 default 텍스트 응답을 자동으로 음성으로 변환합니다. 출력 오디오는 Detectintent Response 및 Streaming Detectintent Respose에 포함됩니다.

❸ **Voice Configuration(음성 구성):** V2 API 및 전화 통신 통합에서 상담원의 합성 음성을 구성합니다.

❹ **Speaking Rate: 1:** 말하는 속도를 결정합니다. 기본값은 1이며, 0.25 단위로 늘리거나 줄일 수 있습니다. 이 기본값을 수정하면 봇의 답변하는 속도가 달라집니다.

❺ **Pitch: 0(Semitones):** 음조, 즉 소리의 높낮이를 변경할 수 있습니다. 기본값은 0이며, 수치를 높이거나 낮출 때 봇의 답변 높낮이를 변경합니다.

❻ Volume Gain: 0(DB): 소리의 데시벨을 변경합니다. 기본값은 0이며, 수치를 높이거나 낮출 때 봇의 데시벨을 변경합니다. '오디오 효과' 프로파일을 선택할 수 있습니다(standard API calls의 경우 전화 연결에 영향을 주지 않습니다).

❼ 변경한 음성 설정으로 테스트: 하단 입력창에 텍스트를 입력하고서 [Play] 버튼을 누르면 어떻게 음성이 나오는지 테스트해 볼 수 있습니다.

5.14.6 > Share(공유)

봇을 편집하거나 볼 수 있는 사람을 추가할 수 있습니다. 만든 사람은 Admin(관리자)이며, Developer(개발자)와 Reviewer(리뷰어, 검토자)를 초대할 수 있습니다. 개발자는 모든 편집 권한을 가지며, 리뷰어는 볼 수 있는 권한만을 가집니다. 기존에 권한을 줬던 사람의 경우도 관리자가 권한을 낮추거나 높이거나, 내보낼 수 있습니다.

5.14.7 > Advanced

감정 분석을 On하였을 경우 구글에서 만들어 놓은 Cloud Natural Language를 사용하여 각 사용자 쿼리에 대한 감정 정서 점수를 제공합니다. 하지만 아직 한국어는 지원하지 않고 있습니다.

06 카카오톡 챗봇 제작 따라하기

챗봇을 만들 때는 크게 아래와 같은 순서를 따라서 만들게 됩니다.

> ① 질문과 답변(FAQ) 데이터 정리하기
> ② 질문과 답변 데이터를 기반으로 챗봇의 플로우 기획하기
> ③ 기획된 플로우를 바탕으로 챗봇에 들어갈 이미지 제작하기
> ④ 챗봇에 데이터 입력하기
> ⑤ 최종적으로 테스트해보고 라이브하기

챗봇의 데이터 정리부터 카카오 i 오픈빌더를 이용한 데이터 입력까지, 따라하면서 챗봇을 만들 수 있도록 설명해 보겠습니다.

6.1 질문과 답변(FAQ) 데이터 정리하기

챗봇의 질문과 답변 데이터에서 질문은 많으면 많을수록 좋고, 이에 매칭되는 답변은 하나만 넣게 됩니다. 또한, 답변은 챗봇의 버튼 플로우를 만들 수 있도록 대분류, 중분류, 소분류 등으로 카테고리를 나누게 됩니다. 답변이 많지 않다면 대분류와 상세 분류 정도의 2단계로 나눌 수 있고, 답변이 많다면 4단계까지도 나눌 수 있습니다.

답변은 크게 2가지 방법으로 수집합니다.

> a. 홈페이지에 있는 '자주 묻는 질문'과 '답변'의 내용을 유추하여, '질문&답변' 세트를 수집
> b. 실제 운영하면서 많이 들어오는 질문에 대한 답변을 기입

여기서 예시는 영진닷컴의 쇼핑몰로 들겠습니다. 홈페이지에 들어가 보면 자주 묻는 질문에 대한 답변이 아래와 같습니다.

■ 배송 과정

- 주문하신 도서에 대한 배송은 당일 오후 13시까지 입금완료(신용카드, 계좌이체, 핸드폰, 무통장 등)된 주문에 한해 발송되어 이튿날 받으실 수 있습니다.
- 오후 13시 이후 입금분은 다음날 발송됩니다.
- 배송은 한진택배를 통해 공휴일과 주말을 제외한 평일에 배송됩니다.
- 입금일 포함 2일 정도(입금일 다음날 배송 완료) 소요되며, 금요일 오후 13시 이후 주문, 입금시 월요일에 발송됩니다.

■ 배송비

- 영진 쇼핑몰에서는 안전하고 빠른 배송을 위하여 전문 업체인 [한진택배]에서 배송을 전담하고 있습니다.
- 군부대 등의 특수한 경우에는 택배가 아닌 일반 우편으로 배달될 수 있습니다.
- 총 구매금액이 20,000원 미만인 경우: 도서 수량에 관계없이 2,500원 부과
- 총 구매금액이 20,000원 이상일 경우: 도서 수량에 관계없이 무료 배송
- 단, 제주도, 울릉도 등을 포함한 도서 지역 및 택배가 곤란한 지역의 경우에는 배송비가 추가될 수 있습니다.
- 같은 날 주문하셨을지라도 먼저 주문하신 도서가 이미 발송 처리되었을 경우에는 각각의 주문 건에 대한 배송비가 별도로 부과됩니다.

위의 내용을 토대로 아래와 같이 데이터를 정리해 줍니다.

대분류	상세 분류	질문	답변
배송 문의	배송 과정 문의	배송은 언제 돼? 언제 받을 수 있나요? 결제하면 언제 받아요? 배송했나요? 모레 받으려면 어떻게 해야해	■ 배송 과정 – 주문하신 도서에 대한 배송은 당일 오후 13시까지 입금완료(신용카드, 계좌이체, 핸드폰, 무통장 등)된 주문에 한해 발송되어 이튿날 받으실 수 있습니다. – 오후 13시 이후 입금분은 다음날 발송됩니다. – 배송은 한진택배를 통해 공휴일과 주말을 제외한 평일에 배송됩니다. – 입금일 포함 2일 정도(입금일 다음날 배송 완료) 소요되며, 금요일 오후 13시 이후 주문, 입금시 월요일에 발송됩니다.
	배송비 문의	배송비는 얼마? 택배비 있어? 무료배송이야? 얼마 사야 무료 배송인가요 제주도는 배송비 얼마예요	– 영진 쇼핑몰에서는 안전하고 빠른 배송을 위하여 전문 업체인 [한진택배]에서 배송을 전담하고 있습니다. – 군부대 등의 특수한 경우에는 택배가 아닌 일반 우편으로 배달될 수 있습니다. – 총 구매금액이 20,000원 미만인 경우: 도서 수량에 관계없이 2,500원 부과 – 총 구매금액이 20,000원 이상일 경우: 도서 수량에 관계없이 무료 배송 – 단, 제주도, 울릉도 등을 포함한 도서 지역 및 택배가 곤란한 지역의 경우에는 배송비가 추가될 수 있습니다. – 같은 날 주문하셨을지라도 먼저 주문하신 도서가 이미 발송 처리되었을 경우에는 각각의 주문 건에 대한 배송비가 별도로 부과됩니다.

이러한 방식으로 답변을 기준으로 카테고리를 대분류, 중분류 등으로 나누고, 예상되는 질문은 반말, 존댓말, 키워드 등을 혼합하여 기재합니다.

실제 운영하면서 많이 들어오는 질문에 대한 답변은 운영을 해야만 알겠지만, 별도로 작성해 놓은 데이터가 없다면 많이 들어올 법한 질문을 유추하거나 유사 업종의 사이트를 참고하는 것도 하나의 방법이 될 것입니다.

다음과 같이 자주 들어오는 데이터를 수집하여, 정보를 작성할 수 있습니다.

대분류	상세 분류	질문	답변
구매_주문	결제 방식 문의	결제 방식은 어떻게 되나요?	신용/체크카드, 카카오페이, 휴대폰소액결제, 실시간계좌이체, 무통장입금 등이 가능합니다.
		카드 결제도 가능한가요?	
		결제 수단 변경 요청해요	
	무통장 입금_입금 기한	무통장 입금 입금 기한	무통장 입금은 보통 주문일 12시까지가 기준이며, 경과할 경우 해당 계좌로의 입금이 어렵습니다. 해당 시간을 경과하셨을 경우에는 재주문하셔서 무통장 입금 계좌를 다시 받으셔야 합니다.
		무통장 입금은 언제까지 입금해야 하나요?	
		계좌 입금 언제까지 하면 되나요?	
	카드 결제 취소 문의	카드 결제 취소 문의	카드 결제 취소 시 주문 당일 홈페이지상으로 직접 주문을 취소하시면 바로 카드 승인 취소가 가능합니다. 하루가 지난 후에 취소 시에는 3~4일 정도 소요되며, 해당 카드사에서 확인이 가능합니다.
		카드 취소 어떻게 하나요	
		카드 취소 안내	
	비회원_주문	비회원 주문	저희는 비회원 구매가 가능하나, 적립 혜택이나 쿠폰 할인 등을 받으실 수 없는 단점이 있습니다 :)
		가입 없이 주문하고 싶어요	
		비회원으로 주문할 수 있나요?	

6.2 질문과 답변 데이터를 기반으로 챗봇의 플로우 기획하기

질문&답변에 대한 데이터 수집이 끝났으면, 이제 챗봇 기획을 할 차례입니다.

챗봇의 플로우 기획에서는 챗봇을 적용할 플랫폼에 어떤 템플릿이 쓰이는지 알아야만 합니다. 카드형의 템플릿은 버튼을 3개만 넣을 수 있다거나, 바로 연결 버튼은 최대 10개까지만 넣을 수 있다거나, 버튼의 텍스트는 14글자 제한이 있는 등의 내용을 숙지하여야 실제 기획했을 때와 챗봇이 적용되어 런칭될 때 동일하게 나오게 됩니다. 막상 기획이 끝나고서 데이터 입력을 하려고 보았더니 기획과 다르게 제한에 걸려서 못 넣게 되는 경우에는 다시 기획서를 수정하여야만 합니다.

기획은 드로우아이오(https://draw.io)에서 하는 것이 좋습니다. 하나의 화면에서 챗봇 내 템플릿 버튼을 누를 때 어떤 흐름을 타는지 쉽게 인식할 수 있어서 매우 편리합니다. 앞서 수집한 정보를 토대로 챗봇을 기획하면, 대분류는 2개, 그리고 상세 분류는 6개가 됩니다.

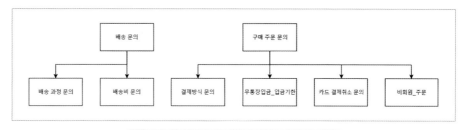

[대분류 2개와 상세 분류 6개가 나오는 것을 알 수 있다]

대분류와 상세 분류는 위와 같은 형태로 나뉘므로, 버튼의 흐름도 동일하게 나뉩니다. 다만, 버튼을 어떤 식으로 나열하여 나눌지는 고민해야 합니다.

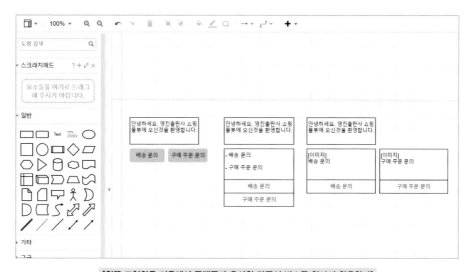

[왼쪽 도형창을 이용해서 플랫폼과 유사한 말풍선 박스를 찾아서 활용한다]

위와 같이 동일한 대분류의 표현도 바로 연결 버튼을 활용하는 법과 하나의 일반 템플릿에서 표현하는 방법, 케로셀 템플릿을 활용한 방법이 있습니다. 이 중 사용자가 보았을 때 버튼을 누르기 편리하고 직관적인 방법을 선택하여 구성하는 것이 좋습니다. 또한, 데이터 수집 과정에서는 따로 하지 않았지만, 챗봇 기획에서는 인사말을 생각해서 기획 플로우에 넣습니다.

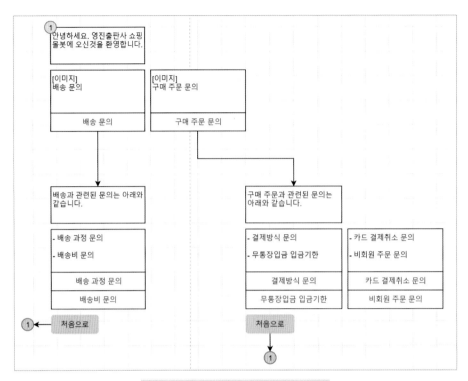

[대분류와 중분류에 대한 흐름을 기획한 모습이다]

위의 이미지에서 빨간색 ①(처음으로)로 가면, 맨 위에 파란색 ①로 이동합니다. 이렇듯 버튼을 누르면 흐름이 아래로만 가는 것은 아니고, 초기에 안내가 필요한 웰컴 메시지로 올라가기도 하고, 중분류로 넘어가게도 플로우를 짤 수 있습니다. 사용자가 무엇을 질문할지 모르더라도, 앱이나 웹에서 다양한 버튼을 제공함으로써 답변을 찾을 수 있게 구성합니다.

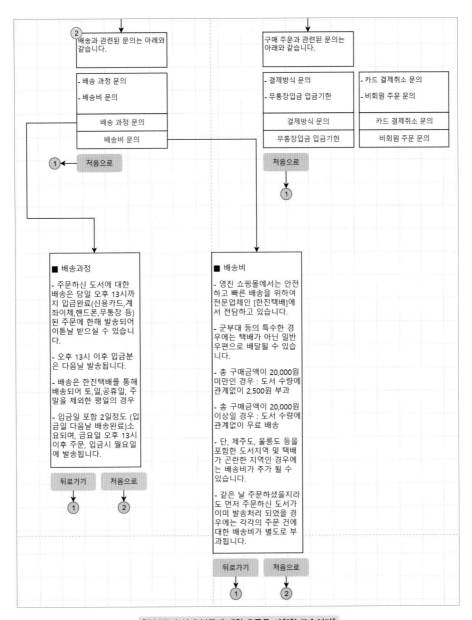

[중분류와 상세 분류에 대한 흐름을 기획한 모습이다]

상세 답변에서는 [배송 과정 문의], [배송비 문의] 등을 누르면 위와 같이 텍스트 답변이 나갑니다. 또한, 상세 답변이 원하는 답변이 아닐 수 있기 때문에, 초기 안내 메시지가 나갈 수 있도록 중분류 답변에서와 동일하게 '처음으로' 버튼을 넣습니다. 그리고 배송에 대한 문의는 맞으나 다른 답변을 찾을 수도 있기 때문에, 중분류로 바로 이동할 수 있도록 '뒤로가기' 버튼을 안내함으로써 바로 전에 봤던 답변을 다시 확인할 수 있도록 합니다.

기획이 끝났으므로, 대분류에 해당하는 초기 안내 메시지의 이미지를 제작할 차례입니다. 중분류에 해당하는 답변에도 이미지를 제작해서 넣을 수는 있으나, 답변이 추가되는 경우가 잦으므로 이미지를 매번 교체해야 하는 번거로움이 있을 수 있습니다. 따라서 대분류에는 이미지를, 중분류에는 변경이 자주 있을 것을 고려하여 텍스트로 넣는 것을 추천합니다.

카카오톡 챗봇에서 쓰이는 이미지는 1:1 비율과 2:1 비율이 있습니다. 특히 대분류에 해당하는 내용은 인사말이 나간 후에 케로셀 답변이 나가므로, 위아래 폭이 작은 2:1 비율의 이미지를 활용하는 게 좋습니다. 2:1 비율에서 일반적으로 너무 용량이 크지 않은 600픽셀 × 300픽셀의 이미지를 사용하는 것이 좋으며, 이미지 파일의 최대 용량은 3MB를 넘으면 업로드가 되지 않으므로 주의합니다.

이미지를 제작하는 사람에 따라 포토샵, 그림판, 파워포인트 등을 자유롭게 사용하면 되며, 여기서는 파워포인트로 이미지 제작하는 법에 대해 설명합니다.

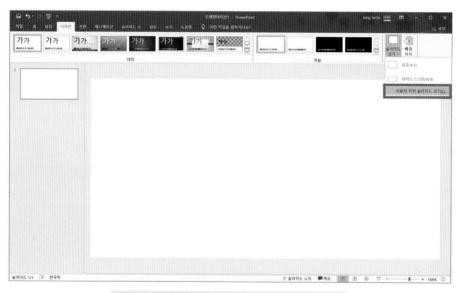

[파워포인트를 실행하여, [디자인] → [슬라이드 크기]를 누른다]

파워포인트를 실행한 후 먼저 슬라이드의 크기를 지정해야 합니다. [디자인] → [슬라이드 크기]를 누른 후 [사용자 지정 슬라이드 크기]를 설정합니다.

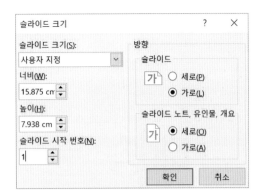

[슬라이드 크기를 정해야 한다]

600픽셀 × 300픽셀이므로, 너비인 600픽셀을 센티미터로 치환하여 15.875cm로 설정하고, 높이
는 7.938cm로 설정합니다.

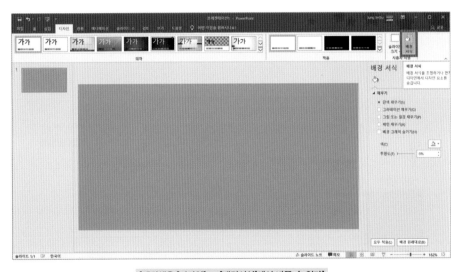

[배경색은 [디자인] → [배경서식]에서 바꿀 수 있다]

색상은 [슬라이드 크기] 버튼 옆에 있는 [배경 서식]을 눌러서 배경색을 지정할 수 있습니다.

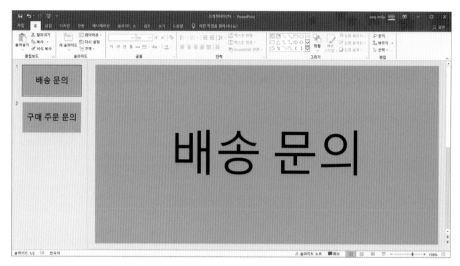

[텍스트를 적절한 크기로 정하고, 왼쪽이나 가운데 배치한다]

위의 텍스트 크기는 60으로 했으며, 다른 글자를 고려하여 크기를 정합니다. 글자를 가운데 배치하는 경우도 있고, 왼쪽에 배치하고 오른쪽에 이미지를 넣는 경우도 있습니다. 혹은 오른쪽 아래나 위에 작은 크기로 회사의 로고나 브랜드 이미지를 넣을 수도 있습니다.

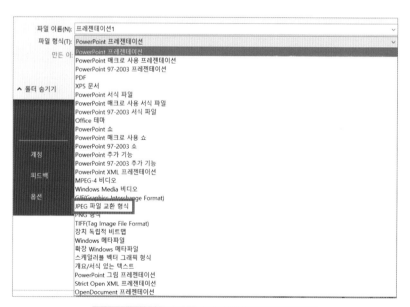

[다른 이름으로 저장에서 [JPEG 파일 교환 형식]을 선택한다]

슬라이드 2개를 생성하여 만들었으면, [파일] – [다른 이름으로 저장]에서 [JPEG 파일 교환 형식]을 선택합니다.

[모든 슬라이드와 현재 슬라이드중에서 JPEG로 저장할 것을 물어본다]

이때 슬라이드 2장 모두 이미지로 바꿀 것인지, 현재 슬라이드만 이미지로 바꿀 것인지 물어보며, 여기서는 2장을 만들었으므로 [모든 슬라이드]를 JPEG로 바꿔 줍니다.

6.4 챗봇에 데이터 입력하기

이제 카카오 i 오픈빌더에 데이터를 입력해 보도록 하겠습니다. 카카오 i 오픈빌더에 로그인합니다.

[오른쪽 위에 노란색 '+'버튼을 눌러서 봇을 생성한다]

우선 봇을 생성한 후에는 아래의 순서대로 데이터를 입력합니다.

① 웰컴 블록 설정하기
② 폴백 블록 설정하기
③ 엔티티 입력하기
④ 시나리오(그룹) 생성하기
⑤ 각각의 블록 입력하기
⑥ 시나리오 설정하기

❶ 웰컴 블록 설정하기

웰컴 블록은 기본적으로 OFF되어 있기 때문에 사용하는 것으로 설정해 줘야 합니다. 웰컴 블록은 해당 카카오톡 채널에 들어온 사용자에게 1회에 한해서 나가는 답변이므로, 법적인 고지나 꼭 안내해야 할 내용들을 넣어서 보내는 게 이상적입니다. 따라서 다음의 예시 방법을 활용하는 것이 좋습니다.

안녕하세요. 영진닷컴 쇼핑몰봇에 오신 것을 환영합니다.
상담사와의 대화 요청 시 챗봇과의 대화 내용이 상담사에게 전달되므로, 개인 정보 입력에 유의하여 주시고, 원치 않으시면 대화를 중단 부탁드립니다.

또한, 안내 메시지뿐만 아니라, 버튼을 제시하여 안내해야하므로 두 번째 응답에서는 케로셀 카드형의 이미지 답변을 넣습니다.

[안내 메시지와 함께 케로셀 형태의 카드를 넣게 된다]

이때 [배송 문의] 버튼도 같이 설정하는데, 현재 생성된 블록이 없으므로, [메시지 전송] 기능을 이용하여 버튼을 누르면 '배송 문의'라는 발화를 한 것과 동일한 효과가 나도록 설정해 줍니다.

[버튼 기능에서 '메시지 전송' 기능을 사용해서 사용자의 발화와 같이 적용한다]

모든 설정이 끝나면 [저장]을 꼭 눌러서 저장해야 합니다.

❷ 폴백 블록 설정하기

[폴백 블록은 매칭되지 않은 답변이 나가게 된다]

폴백 블록의 경우엔 매칭된 답변이 없을 때 답변이 나가는 내용이므로 이해하지 못하였거나, 답변을 못 찾았다는 느낌의 답변을 넣어 두는 게 좋습니다. 하나의 고정된 텍스트 답변을 내보내는 것보다는 여러 개의 답변을 넣어 놓고, 랜덤으로 답변을 내보내게 하여 답변을 풍성하게 구성하는 것이 좋습니다. 또한, 하단에는 [처음으로]와 같이 초기 화면으로 갈 수 있는 버튼을 안내해야 합니다.

❸ 엔티티 입력하기

개발에서는 엔티티가 특정 개체의 묶음 단위(예를 들어, 1월부터 12월까지의 12개를 묶음)로 쓰이지만, 여기서는 동의어를 묶는 데 사용합니다. 영진닷컴의 쇼핑몰봇에서 사용될 만한 엔티티는 아래와 같습니다.

대표 엔트리	동의어 1	동의어 2
상품	제품	
도서	책	서적
배송	발송	
무통장입금	계좌이체	계좌입금
배송비	택배비	

위의 데이터를 각각의 엔티티에 한 묶음씩 넣습니다.

['도서' 엔티티를 입력한 모습]

위의 엔티티들을 모두 각각 입력하면 다음과 같습니다.

[각각의 엔티티가 입력된 모습]

여기서 중요한 점은 억지로 너무 많은 엔티티를 묶지 않아야 하고, 명사만을 묶어야 합니다. 영진닷컴의 입장에서는 제품과 도서를 하나의 묶음으로 볼 수도 있으나, 사은품이 있거나 별도의 책과 관련된 스탠드라도 팔게 되면 이는 도서가 아닌 제품이 됩니다. 또한, 택배와 배송이 묶일 수도 있으나, 택배일과 배송일은 도착일과 발송일로 나뉠 가능성도 있기 때문에 묶는 것에 신중을 기해야 합니다. 따라서 특정 용도로 확실하게 판단되면 하나의 엔티티로 묶되, 애매하면 분리하여 관리하는 것이 오히려 잘못된 답변이 나가는 것을 줄일 수 있습니다.

❹ 시나리오 그룹[16] 생성하기

앞서 '배송 문의'와 '구매 주문 문의'로 2개의 대분류를 나눴으므로, 챗봇 초기 화면까지 총 3개의 시나리오 그룹을 만들어야 합니다. 웰컴 블록은 1회에 한해서 답변이 나가므로, 초기 인사말을 하는 '초기 화면 블록'을 넣을 만한 시나리오 그룹도 추가해야 합니다.

[왼쪽에 '+ 시나리오'를 눌러서 시나리오 그룹을 추가한다]

왼쪽에 파란색 버튼으로 [+ 시나리오]를 눌러서 시나리오 그룹을 생성합니다. 3개의 시나리오 그룹을 생성해야 하므로 3번 눌러 줍니다.

---

16 카카오 i 오픈빌더에서는 그룹의 명칭을 '시나리오'로 사용하고 있기 때문에, 챗봇을 기획할 때 의미하는 '시나리오'와 명칭이 동일하여 혼동이 올 수 있으니 유의하여야 한다. 이러한 이유로 '그룹'이라는 표현을 추가하였다.

[시나리오 그룹을 3개 생성한 후 점 3개 버튼을 눌러서 편집을 해야 이름을 바꿀 수 있다]

생성된 시나리오 그룹은 시나리오 01, 02, 03으로 자동으로 이름이 정해지며, '편집'을 이용하여 이름을 변경할 수 있습니다.

[각각의 시나리오 그룹을 대분류의 이름으로 바꿔준다]

앞서 설명하였듯이 웰컴 블록을 대체할 만한 초기 화면 블록을 넣을 '챗봇 초기 화면' 시나리오 그룹과 '배송 문의' 시나리오 그룹, '구매 주문 문의'의 시나리오 그룹을 생성하였습니다.

❺ 각각의 블록 입력하기

지금부터 입력하는 블록은 사용자의 예상 발화나 버튼을 눌렀을 때 동작하게 하기 위해서 '사용자 발화'에 예상 발화를 넣습니다.

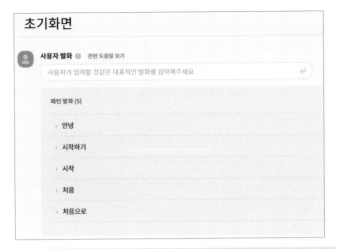

[챗봇에서 초기에 보여 줄 화면을 구성하므로 인사말이나 처음으로 등의 발화를 넣어 준다]

'챗봇 초기 화면' 시나리오 그룹에 '초기 화면' 블록을 생성합니다. '초기 화면' 블록에는 '안녕', '반가워', '안녕하세요' 등의 인사말이나 폴백 블록에서 바로 연결 버튼으로 안내했던 '처음으로'의 발화를 넣어 줍니다. 이렇게 하면 사용자가 시일이 지난 후 다시 유입해서 물어보거나, 매칭되지 못한 폴백 블록에서 하단의 버튼을 눌렀을 때, 이 메시지로 와서 안내를 받을 수 있습니다.

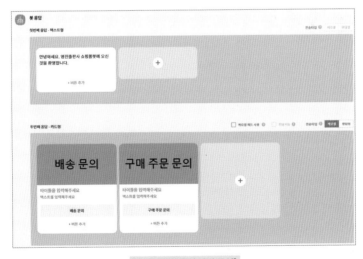

[초기화면 블록의 답변 구성]

또한, '초기 화면' 블록 답변의 구성은 웰컴 블록과 유사하나 안내하는 인사말이 조금 더 짧고, 시나리오를 기획할 때 만들었던 내용을 입력합니다.

다음으로 '배송 문의' 시나리오 그룹에서는 중분류에 해당하는 그룹과 상세 분류에 해당하는 각각의 블록을 생성합니다.

[시나리오 기획할 때 만든 내용을 넣으면 된다]

중분류에 해당하는 블록은 모두 앞서 시나리오 기획할 때의 내용을 입력하면 됩니다. 주의해야 할 점은 앞서 설명한 내용과 동일한데, '초기 화면' 블록에서 버튼을 누를 경우, '중분류_배송문의' 블록이 답변으로 나갈 수 있도록 사용자 발화에 '배송 문의'를 입력해야 합니다.

[상세 분류에서는 FAQ 데이터 정리에서 만든 질문을 사용자 발화란에 입력한다]

상세 분류에서는 FAQ데이터를 정리할 때 만들었던 질문들을 사용자 발화에 입력합니다. 이 때 위의 이미지와 같이 '배송'에 해당하는 것은 엔티티로 지정해 줘야 합니다. 그래야만 정상적으로 '발송 했나요?'라는 질문에도 동일하게 답변이 나가게 됩니다.

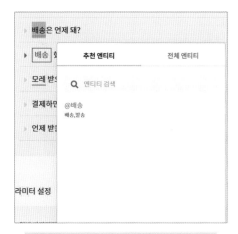

[해당 단어에 드래그를 하면 자동으로 화면이 뜬다]

지정하는 방법은 엔티티가 있는 단어에 대해서는 밑줄이 표시되며, 이 단어를 드래그하면 자동으로 위와 같은 이미지가 뜹니다. 이 때 매칭되는 단어를 선택하면 됩니다.

[상세 분류에서는 답변과 함께 버튼을 설정한다]

상세 분류에서는 FAQ 데이터 정리한 내용과 함께 버튼을 넣습니다. 여기서 [처음으로] 버튼은 '초기화면' 블록으로 모든 시나리오 그룹이 동일하게 이동되나, [뒤로가기] 버튼은 다른 시나리오 그룹에서는 다른 블록으로 이동해야 하므로, '발화 전송'이 아닌 '블록 연결'을 사용하게 됩니다.

중분류 →

| 중분류_
배송 문의 |
| 중분류_
구매 주문 문의 |

상세분류 →

| 배송 과정 문의 | 배송비 문의 | 결제방식 문의 | 무통장입금_입금기한 | 카드 결제취소 문의 | 비회원_주문 |

['뒤로가기' 버튼의 경우 연결되는 구성도]

위의 구성도와 같이 상세 분류에서의 [뒤로가기] 버튼은 중분류가 어디에 해당되는지에 따라 다른 플로우를 타게 됩니다. 따라서 각각의 이동을 다르게 지정해 주기 위해서 블록 연결로 설정해 줘야 합니다.

이러한 방식으로 '초기 화면' 블록 1개와 중분류 블록 2개, 상세분류 블록 6개를 생성하면 모든 블록 생성이 끝납니다.

['시나리오 설정' 버튼은 '+ 시나리오' 버튼 오른쪽 아래에 있다]

[시나리오 설정] 버튼은 회색으로 쓰여져 있어서 잘 보이질 않지만, 어찌 됐든 해당 버튼을 누르면 별도의 팝업창이 뜹니다. 여기서 '봇 제네릭 메뉴 설정'을 켭니다.

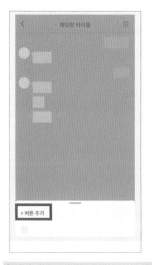

[버튼을 최대 10개까지 추가할 수 있다]

그럼 위 이미지와 같이 버튼을 추가할 수 있으며, 최대 10개까지 가능합니다. 버튼 구성은 초기 안내나 중분류 정도의 자주 누를 것 같은 버튼을 구성하면 좋습니다. 따라서 여기서는 '처음으로'와 '배송 문의', '구매 주문 문의'를 넣도록 합니다. 버튼을 누르면 바로 채팅창에 메시지가 전송되는 방식이므로 기능은 바로 연결 버튼과 유사하며, 버튼 기능은 '메시지 전송'과 '블록 연결' 2가지 기능만 사용할 수 있습니다.

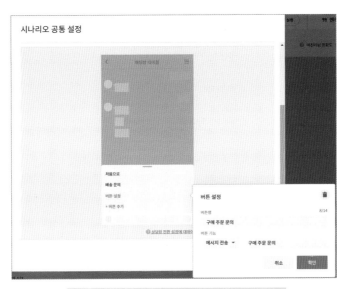

[버튼 기능은 '블록 연결'과 '메시지 전송' 기능만 가능하다]

위 이미지와 같이 모든 설정이 끝나면, [확인]을 눌러서 설정을 저장합니다.

6.5 최종적으로 테스트해보고 라이브하기

모든 데이터 입력이 끝났으므로 설정에서 카카오톡 채널과 연결하고, 테스트를 해야 합니다. 크게 2가지에 유의하여야 합니다.

    a. 테스트 때는 테스트용으로 만든 카카오톡 채널에서 해볼 것
    b. 실제 적용할 때는 [배포]를 눌러서 데이터가 정상 반영되도록 할 것

[설정에는 '운영 채널 연결'과 '개발 채널 연결'이 있다]

테스트할 때는 만든 사람만 테스트하는 것이 아닌 같은 부서나 다른 사람들도 테스트해 볼 수 있으므로, [설정] → [운영 채널 연결]에서 채널과 연결하여 테스트합니다. 혼자만 테스트하거나 카카오 i 오픈빌더에 등록된 관리자만 테스트할 것이라면, [개발 채널 연결]에서 연결하여 테스트하여도 무방합니다. 이때 연결할 카카오톡 채널의 관리자나 매니저 권한을 반드시 가지고 있어야 가능합니다.

[배포를 눌러야 오픈빌더의 내용이 적용된다]

마지막으로 배포를 반드시 눌러야만 오픈빌더의 내용이 적용되며 블록의 답변 내용이나 버튼을 하나만 수정해서 적용하길 원할 때도 그때마다 [배포]를 눌러야 적용됩니다. 이는 운영중인 챗봇이 수정될 때마다 내용이 변경되는 것을 방지하기 위함입니다. 또한, 서비스의 개편이나 내용의 변경이 많을 때,

미리 수정해 놓은 후에 런칭일에 맞춰서 [배포]를 적용하여 반영할 수 있는 장점을 가지고 있습니다.

위의 내용과 같이 카카오톡 챗봇 제작 따라하기의 내용을 단계별로 따라하다 보면, 간단한 FAQ의 챗봇은 손쉽게 만들 수 있을 것입니다.

07 봇빌더별 가격 정책 비교

카카오 i 오픈빌더는 2019년까지 가격이 정해지지 않았습니다. 2020년부터는 가격 정책을 정할 계획이라고 하며, 조금 더 기다려 봐야 알 수 있을 것 같습니다. 2019년 말까지는 모든 챗봇을 사용하는 기업들이 무료로 사용해 왔습니다.

네이버 클라우드 플랫폼은 빌드당 20,000원, API 호출 건당 3원입니다.

챗퓨얼은 무료 버전은 5,000명까지 응답하며, 유료 버전은 봇/페이지당 매월 15달러를 시작으로, 사용자가 늘어날 때마다 비용이 올라갑니다. 더 많은 사용자에게 서비스를 제공하려면 비용이 계속 올라가게 되어 있으며, 25,000명 이상의 사용자는 협의가 가능한 것으로 보입니다.

사용자 수	500명	1,000명	2,000명	5,000명	10,000명	15,000명	20,000명	25,000명
매월 가격	15달러	20달러	30달러	55달러	85달러	120달러	150달러	180달러

구글 다이얼로그 플로우는 무료 버전과 유료 버전에 따라 가격 정책이 상이합니다.

버전	가격 정책	비고
무료	60초당 180건의 답변	사용자가 많지 않으면 지속적으로 무료 가능
유료	60초당 600건의 답변	건당 0.002달러(약 2.25원)

IBM 왓슨은 건당 3원, Microsoft Luis(루이스ai)는 건당 약 1.7원입니다.

똑똑한
챗봇 만들기

1판 1쇄 발행 2019년 12월 31일

저　자 | 정임수
발 행 인 | 김길수
발 행 처 | ㈜영진닷컴
주　소 | 서울특별시 금천구 가산디지털2로 123 월드메르디앙벤처센터 2차
　　　　10층 1016호
등　록 | 2007. 4. 27. 제16–4189호

ⓒ2019. ㈜영진닷컴

ISBN 978-89-314-6176-3